万卷·人物

半世风烟一场梦

杜甫诗传

田梦 著

北方联合出版传媒(集团)股份有限公司
万卷出版公司

ⓒ 田 梦 2020

图书在版编目（CIP）数据

半世风烟一场梦：杜甫诗传 / 田梦著. — 沈阳：
万卷出版公司, 2020.2
（万卷·人物）
ISBN 978-7-5470-5259-4

Ⅰ.①半… Ⅱ.①田… Ⅲ.①杜甫（712-770）- 传
记②杜甫（712-770）- 唐诗 - 诗歌欣赏 Ⅳ.①K825.6
②I207.227.42

中国版本图书馆CIP数据核字(2019)第275940号

出 品 人：刘一秀
出版发行：北方联合出版传媒（集团）股份有限公司
　　　　　万卷出版公司
　　　　　（地址：沈阳市和平区十一纬路25号　邮编：110003）
印 刷 者：辽宁新华印务有限公司
经 销 者：全国新华书店
幅面尺寸：145mm×210mm
字　　数：210千字
印　　张：8
出版时间：2020年2月第1版
印刷时间：2020年2月第1次印刷
责任编辑：朱婷婷
责任校对：高　辉
封面设计：范　娇
版式设计：徐春迎
ISBN 978-7-5470-5259-4
定　　价：39.80元
联系电话：024-23284090
传　　真：024-23284448

常年法律顾问：李　福　版权所有　侵权必究　举报电话：024-23284090
如有印装质量问题，请与印刷厂联系。联系电话：024-31255233

目录

4

田 梦

　　曾用笔名布可小姐，一个挚恋墨香的女子，爱美爱笑、爱书爱画，执着于温美的文字梦境。多年来，始终跟随着心灵的脚步，将文字倾洒，那点点墨如飞花，交织一场人生好梦，轻抚人们心中最初的温暖和感动。曾出版作品《人在边上，心城内外——钱钟书的围城人生》《杨绛：人生最曼妙的风景》《聆听撒哈拉的歌声：三毛传》等。

序　言

　　轻轻翻开一本唐诗集，如同打开一扇遥远世界的大门，随着文字开启一段心灵的旅程，感受那个年代的特殊魅力。

　　谈及唐诗，不得不提两个人的名字——李白和杜甫。被称为"诗仙"的李白是一位浪漫主义诗人，平生爱饮酒，四海为家，风流倜傥。被称为"诗圣"的杜甫与李白截然相反，他出身名门，饱受儒家教育，忠心爱国，感情专一。

　　杜甫的诗歌沉郁顿挫，他的文字饱含深情，他的经历坎坷艰辛。如果用一个词来总结他的一生，那只能选择"凄凉"。成年后的杜甫为求入仕苦苦坚守十余年，仕途不顺，辞官归隐，一朝战乱后余生颠沛流离。一生坎坷，终不得志，唯有诗文传天下，但已经是身后事，他没有机会感受这份荣耀。

　　"百年歌自苦，未见有知音。"杜甫感叹自己的诗歌没有知音，殊不知如今多少人成为他的追随者，他的光芒足以闪耀中华文明一千多年。若想感受杜甫的诗，你需要走进他的人生，与他一同经历苦难的洗礼，感受命运的不公，只有这样，你才能读懂那些文字背后的情怀，聆听"诗圣"内心的声音。

第一章

乐童年·脱略小时辈，结交皆老苍

先祖奉儒守官

读一首诗，念一段词，是不忘岁月的恩赐，也是停下生活脚步，以获得片刻沉思。唐诗宋词是中国上下五千年的星光，无论时代如何变迁，沧海变成桑田，它们只是安静处之，散发着自己的光芒，让后人可以铭记历史，感受岁月。

唐朝杜甫，是提及唐诗时不能错过的名字，他是"诗圣"，他的诗被称为中国"诗史"，"李杜文章在，光焰万丈长"。他的一生颠沛流离，富有悲剧色彩，他的诗句铿锵有力，记录世间点滴。

在唐睿宗太极元年（712）的正月，杜家迎来了一个孩子，一声声响亮的啼哭，向世人宣告着喜讯，也宣告了一个诗歌新时代的来临。在接下来的几十年中，他手中握笔，眼望江山，将所闻所见汇成一首首经典绝句，为后人留下了宝贵的文学财富。

杜甫，字子美，他出生在巩县南（今河南巩义）瑶湾村，因属襄阳杜氏支派，所以史书上记载他是襄州襄阳人。

"自先君恕，预以降，奉儒守官，未坠素业矣。"（《进雕赋表》）杜甫如此自报家门。

这位被杜甫时常挂在嘴边的先祖是晋代名将杜预，杜甫是其第十三代世孙。杜预，字元凯，是京兆杜陵人。

作为西晋时期著名的政治家、军事家和学者，杜预集诸多功名在身。历任曹魏尚书郎、西晋河南尹、镇南大将军，官至司隶校尉，死后追赠征南大将军、开府仪同三司，谥号成。

杜预从小博览群书，博学多术，人称"杜武库"。身无武艺的他，在与东吴对战中，却凭借远见卓识、巧妙的战略部署和精准的排兵布阵，一举拿下江陵，占据荆州，为西晋灭吴、统一全国做出巨大贡献。他的事迹让部下佩服得五体投地，都说他计谋了得，以一当万。

在文学上他也颇有建树，著有《春秋左氏经传集解》三十卷、《春秋释例》十五卷等，其中《集解》是历史上对《左传》最早的注解，对后世的研究颇具价值。他是明朝之前唯一同时进入文庙和武庙的人。

此外，他还注解《晋律》，参与农业救灾、兴修水利。有南土歌之曰："后世无叛由杜翁，孰识智明与功勇。"《旧唐书》里称他："雅善五言诗，工书翰。"

杜甫对这位先祖的崇敬之情溢于言表。杜甫于而立之年，创作了散文《祭远祖当阳君文》，文中写道"不敢忘本，不敢违仁"，以杜预为榜样来警醒自己，无论世间有多少荒唐之事，他也不可忘记初心，更不可违背仁义道德。

为了与先祖之名联系得更紧密，杜甫自称"京兆杜甫"，在他的诗作中，自称为"杜陵野客""杜陵布衣""杜陵野老"。

东晋南渡时，杜家迁至湖北襄阳；入唐后，杜甫的曾祖父杜依艺任巩县县令，他们一家由此定居巩县。后来杜甫的祖父杜审言曾任职膳部员外郎，文采了得，名噪一时，少时就与李峤、崔融、苏味道并称"文章四友"，是唐代"近体诗"的奠基人之一，对唐诗有着十分深远的影响。

杜家文化底蕴深厚，但作诗却是从杜审言开始的。杜甫出生时，杜审言已经去世四年，他虽然没有得到祖父的言传身教，但十分崇拜祖父在文学上的造诣，冥冥之中，杜甫继承了祖父的诗魂。在《进雕赋表》中杜甫曾写道："修文于中宗之朝，高视于藏书之府，故天下学士到于今而师之。"可见杜审言对杜甫的影响和杜甫对祖父的敬仰之情。

杜审言确实很优秀，在二十五岁时进京赶考，高中进士，次年便成为朝廷官员，任隰城（今山西汾阳）县尉。大约十年后，因为颇富诗名，被召入朝中为官。唐中宗时，杜审言与宋之问、沈佺期、阎朝隐等一起被聘为修文馆直学士（初入馆阁负责校理图书的官员，位列学士之下）。在当时，天子宴饮游玩，只有宰相和学士可以跟从，而杜审言荣为其中之一。

杜审言为官是合格的，他清廉克己，做了二十多年的九品官员。但他生性高傲，虽名为"审言"，却不是一个言辞谨慎的人，经常"口无遮拦"。

武则天当政时期，杜审言在吏部任校考使。按照唐代的考核制度，无论中央还是地方官吏，每年都要写一份"行状"，也就是写一份述职报告，综述为官一年来的功过是非。吏部则要由考功郎中和员外郎分别对其写评语，作为对官员考核和升迁任用的依据。一次，杜审言参加官员的预选试判，他对旁人说"苏味道必死"，苏味道是与其同时期的天官侍郎，此言一出，惊愕旁人，杜审言微微一笑，得意地说："彼见吾判，且羞死。"意思是说，苏味道如若见了我写的判词，一定会自愧不如，羞愧而死！好在苏味道很有胸怀，看了杜审言的判词并没有羞死，也没有打击报复。

　　如此的"大放厥词"并非偶然，杜审言还曾言："吾文章当得屈、宋作衙官，吾笔当得王羲之北面。"杜审言认为他的文采十分出色，文章让屈原、宋玉自叹不如，只能给他做个副手衙官；他的书法更是让王羲之称臣，后人根据这个典故总结了一个成语——"衙官屈宋"。

　　不是每一次口出狂言都会平安渡险，终究还是惹了祸。武后圣历元年（698），他因事获罪，从洛阳丞被贬为吉州（今江西吉安）司户参军。之后，又得罪了司马周季童、司户郭若讷，两人合谋诬陷杜审言，杜审言被定了死罪。这时，杜审言年仅十三岁的儿子、杜甫的叔叔杜并性烈如火，为父报仇，刺杀了周季童，杜并也被侍卫武士当场杀死。整件事震惊朝野上下一片，引来热议，大家都说杜并是一个孝子。

唐朝重视以孝治天下，杜并杀仇救父的血案惊动了武则天，她下令重新审理杜审言的案子，并为他平反昭雪。

一次，武则天召见杜审言，命他赋一首《欢喜诗》。杜审言一挥而就，武则天极为欣赏，授予他著作佐郎一职，官至膳部员外郎。后因宦官张易之兄弟案牵连，杜审言又被流放到峰州。不久，被召回任国子监主簿、修文馆直学士，直到病逝。

杜审言著有文集十卷，但已经无从查找，如今流传下来的只有四十多首诗作，杜甫的诗歌精髓继承于杜审言，很多诗作中可以见到神似祖父诗句的作品。

五言律诗《和晋陵陆丞早春游望》，被明人胡应麟称赞为初唐的五律第一，杜审言本人被称为五言律诗的奠基人。

杜审言死后葬于偃师的前祖茔，一百多年以后，杜甫的遗骨也葬于此地，与祖父相伴。

也许，成诗是一种天赋，杜甫则是带着这种天赋来到了这个世界，用脚步丈量着世间，嬉笑怒骂、悲欢离合、山川河流都是他的创作灵感。他出生在儒家思想浓郁的家庭里，在家人的影响下，对儒家的核心思想"仁""忠"理解深刻，这些都像肥沃的土壤，滋养着杜甫去创作，结出富有内涵的诗的果实。

杜甫的父亲杜闲曾任兖州司马、丰田县令等官职。

母亲崔氏在杜甫年幼的时候就去世了，所以杜甫对母亲并没有怎么提起。但是，其母亲也有不俗的家世背景。

杜甫的外祖母，是唐太宗李世民的后代。她的爷爷是李世民的第十子李慎，父亲则是义阳王李琮。武则天时期，外祖母一家遭受迫害，长辈入狱。寒冬腊月，冒着纷飞的大雪，年仅十五岁的外祖母在街上为狱中的亲人们乞讨食物，当时，她的孝心名扬洛阳城，成为美谈。

杜甫出生时，父亲已经步入中年，老来得子的他视杜甫为掌上明珠，不幸的是，几年之后，杜甫的生母撒手人寰，父亲再娶，后又有了弟弟妹妹。

在杜预时期，杜家十分兴盛，家境殷厚，随着时代的变迁，杜家也渐渐褪去祖上的光环。到杜甫一代，杜家虽不再家世显赫，但在当地仍是名门望族、书香门第，家中有婚丧嫁娶之事，远近的亲友都前来观礼。

因生母过世，杜甫幼年时期便被寄养在二姑母家，他在那里得到了缺失的母爱，度过了他的童年时光。幸运的是，二姑母是一位十分无私的长辈，视他如己出，事事以杜甫为先，天生体弱多病的杜甫，在二姑母的关怀和呵护下健康地成长。

一次，杜甫和二姑母家的孩子先后染上重疾，同时病倒。二姑母心急如焚，这时一位巫医自称有办法救治，他说，只要让患病的人睡在堂屋廊柱东南方向，即可痊愈。二姑母毫不犹豫地将那个位置给了杜甫。熬好的药也是紧着杜甫喝，而自己的孩子喝的则是剩下的药渣。

在姑母夜以继日地照料下，杜甫恢复了健康，而表弟却夭折了。当时，杜甫尚幼，并不知道二姑母的付出。多年以后，杜甫从他人口中得知了真相，万分感激二姑母。

这些经历让杜甫在生活的开端，便有了一些灰蒙蒙的色调。

天宝元年（742），杜甫的二姑母病逝，他万分悲痛，如丧考妣，为她撰写墓志："呜呼，有唐义姑，京兆杜氏之墓。"

所谓"义姑"，其引自汉刘向的《列女传·节义传·鲁义姑姊》。文中记载，在春秋时期，齐军攻入鲁境之内，战乱之中，一位鲁国的妇女一手抱着自己的儿子，一手牵着自己侄儿逃亡，战况紧急，齐国大军马上就要追上逃亡的人群，妇女无奈只得放弃儿子，带着侄儿继续逃亡。

齐国将士得知妇女舍弃的是自己的孩子，便询问她为什么这么做。妇女回答，不能以"己私"伤害"公爱"。齐国将士为之感动，更明白，一个妇人都可以"不以私害公"，那鲁国的朝臣军队更是如此，所以请求齐君停止征战。后来鲁国君王闻听此事也为之感动，赐予这位妇人"义姑姊"的称号。

杜甫称姑母为"义姑"十分贴切，"义姑"身上的大爱精神影响了杜甫，在杜甫留给人们的一千四百余首诗歌里，能够感受到他对天下苍生的怜悯，能够感受到他对贫苦百姓的担忧，更能感受到他以天下为己任的胸怀。

杜甫在儿子宗武的生日时作了一首诗——《宗武生日》：

小子何时见，高秋此日生。

自从都邑语，已伴老夫名。

诗是吾家事，人传世上情。

熟精文选理，休觅彩衣轻。

凋瘵筵初秩，欹斜坐不成。

流霞分片片，涓滴就徐倾。

字里行间洋溢着杜甫的自豪之情，在称赞儿子宗武乖巧懂事的同时，也在告诉所有人：诗，是杜家祖祖辈辈传承下来的事业，是融入杜家人血脉的责任，更是杜家人天生擅长的，他希望子子孙孙可以将这件事传承下去，不要枉费杜家祖上的功名业绩。

"吾祖诗冠古"是杜甫在《赠蜀僧闾丘师兄》中的诗句，在杜甫心中，祖父杜审言的诗作是最优秀的，他以自己是杜家子孙感到骄傲，这是先人的馈赠，更是一种警醒，作为后辈，杜甫要创作出更为出色的作品，才能不辱长辈先人的名号。

时至今日，再看杜甫，他的作品甚至已经超越了祖辈成就，他没有辜负杜家先人，用一首首经典诗作向祖辈致敬，也让后人有机会领略千百年前的人文情怀。

绚烂的家世犹如船上高高扬起的帆，带着杜甫这艘船航行在时代的洪流里。在那个遥远的年代，人们推崇文学，爱好诗文，这是文化的一大幸事。唐朝诞生了包括杜甫在内的诸多著名诗人，他们或寄情山水，或慨叹苍生，或婉约悲戚，或沉醉红颜，用文字记录了一个时代，每一首诗都是一个缩影，描绘了我们不曾了解的过往，所有的诗句最终汇成了一幅瑰丽的画卷，那便是唐朝文学的辉煌。

浪漫童年，绮丽往事

盛唐时期，国家经济繁荣，实力强盛，百姓安居乐业。文学方面也有了前所未有的发展，唐诗进入了一个巅峰时期，个性鲜明的诗人犹如蚌中明珠，绽放着属于自己的光彩。

"边塞诗派""田园诗派"是当时流行的诗流派，不同的诗人擅长不同的类别，最为著名的当属李白、杜甫。李白是一名浪漫诗人，杜甫则是一位不折不扣的现实主义诗人。在先辈教诲之下，杜甫一直心系天下，他的诗总是着眼当下，情绪激昂，意境深远。

少年时，杜甫家境还算富裕，所以生活上并没有太多需要烦恼的事，除了身体有些虚弱，他的童年还是十分快乐的，年幼时发生的许多事，杜甫都留存在记忆中，有些闪光的点滴，成为他后来诗句中的一部分。遗憾的是，杜甫少年时代的作品几乎没有流传下来，后人只能从他后期作品中的片段来拼凑那段时光。

玄宗开元三年（715），杜甫还是五六岁的孩童，在郾城偶遇了公孙大娘舞剑，当时剑舞非常流行，而公孙大娘便是那剑舞的第一人。多年以后，他依然清晰地记得当时公孙大娘所舞的是《剑器》和《浑脱》。

记忆中，前来围观的人群犹如高山，公孙大娘舞起剑舞来轰动四方，人们的情绪也被她带动，她的舞姿起伏震荡，气壮山河。剑光流转，璀璨夺目，好似后羿射落九日；舞姿矫健，灵敏不凡，就像天神在驾龙翱翔。起剑时有雷霆万钧之势，收剑时如江海凝聚的波光。

杜甫瞪大了双眼，被这精妙绝伦的剑舞深深吸引，这一幕仿佛给这个孩子打开了一个全新的世界。夜晚回到家中，白天的一幕在脑海里一遍遍上演，他开始暗暗期待，不知何时才能有幸再看一次公孙大娘舞剑。

造物弄人，杜甫最终也没机会再观赏公孙大娘的剑舞。人生或许就是由一个又一个的遗憾组成，不能奢求，只能感恩当下。虽然只是一次偶遇，却成为杜甫少年时代记忆中的一个重要场景，更成就了后来的一首经典诗作。

多年后，杜甫在夔府别驾元持家里，观看了临颍李十二娘跳剑器舞，她的舞姿矫健，身手不凡，动作如行云流水，变化多端。杜甫按捺不住心中的激动，上前询问李十二娘是跟谁学的，对方答曰：师承公孙大娘。

一个名字，唤醒杜甫脑海中那段沉睡的回忆。

　　　　昔有佳人公孙氏，一舞剑器动四方。

　　　　观者如山色沮丧，天地为之久低昂。

霍如羿射九日落，矫如群帝骖龙翔。

来如雷霆收震怒，罢如江海凝清光。

绛唇珠袖两寂寞，晚有弟子传芬芳。

临颍美人在白帝，妙舞此曲神扬扬。

与余问答既有以，感时抚事增惋伤。

先帝侍女八千人，公孙剑器初第一。

五十年间似反掌，风尘澒洞昏王室。

梨园弟子散如烟，女乐余姿映寒日。

金粟堆南木已拱，瞿唐石城草萧瑟。

玳筵急管曲复终，乐极哀来月东出。

老夫不知其所往，足茧荒山转愁疾。

　　脑海深处的公孙大娘服饰华美，容貌漂亮，她在高高的舞台之上，一举一动扣人心弦，围观人群不时发出惊叹之声。杜甫只是围观人群中不起眼的一个懵懂孩童，多年过去，杜甫已经白发苍苍，眼前的李十二娘也过了年轻的年纪，无限惆怅在心头，遂创作了《观公孙大娘弟子舞剑器行》。

　　杜甫开慧很早，他在《壮游》诗中曾言：

七龄思即壮，开口咏凤凰。

九龄书大字，有作成一囊。

　　七岁时的杜甫，就不同于其他的顽童，他开始了人生的思考，情怀豪壮，思如泉涌，开始作诗，讴歌有着凤凰一样高洁品质的人和事。这首七岁所作的诗并没有流传下来，令人遗憾。不知其少年情怀是怎样的？笔下定会有春风。

杜甫的书法作品流传下来的很少，相传《俯太中严公九日南山寺》石碑墨拓本是杜甫现存的唯一墨宝，也有人说它与杜甫毫无关系。此作如今被保存在西安市长安区的杜公祠，也就是杜甫的祠堂，成为那里最珍贵的文物。

杜甫的字属"瘦硬"风，根据清人马宗霍的《书林藻鉴》中记载，明人胡俨曾见过杜甫的真迹——《赠卫八处士》，这首诗是杜甫中年所作，他在访问居住在乡间的少年故友后，感叹动乱年代人们离别易再见难。胡俨言："尝于内阁见子美亲书《赠卫八处士》诗的墨迹，'字堪怪伟'。"

书香门第的杜家，自然重视从小对杜甫的培养和教育，"九龄书大字"的杜甫，从小就刻苦练字，所以对书法有着很深的见地，成年后，他善于用诗歌评析他人的书法。

《李潮八分小篆歌》是杜甫写给他外甥李潮的诗，文中提到"书贵瘦硬方通神"，可见杜甫对自己所属的"瘦硬"笔体的喜爱和推崇。

在启功先生《论书绝句一百首》自序中写道："以诗论艺，始于少陵六绝句。殆亦自知未必尽适众口，故标曰戏为，以示不求人之强同也。"他认为，是杜甫开创了以诗词论艺术的先河，以杜甫为样，后来者陆续以诗词点评诗作、画作，你来我往如高手过招，甚是热闹。

《杜工部集》中，杜甫评论书法的诗作有十余首，可见杜甫不单自己书法写得好，更是懂得书法作品的精妙之处，看到他喜欢的字，便忍不住评论一番，好不畅快。

杜甫曾评价"张颠"张旭的草书："锵锵鸣玉动，落落群松直。连山蟠其间，溟涨与笔力。"也曾评价唐人顾戒奢的隶书："中郎石经后，八分盖憔悴。顾侯运炉锤，笔力破余地。"他更是不吝夸奖之词，称赞李潮："况潮小篆逼秦相，快剑长戟森相向。八分一字直百金，蛟龙盘拏肉屈强。吴郡张颠夸草书，草书非古空雄壮。岂如吾甥不流宕，丞相中郎丈人行。巴东逢李潮，逾月求我歌。我今衰老才力薄，潮乎潮乎奈汝何。"

杜甫的知音有许多，少年时便有了许多忘年交。《壮游》开篇写道："往昔十四五，出游翰墨场。斯文崔魏徒，以我似班扬。"杜甫十四五岁的时候，便在文坛有了一席之地，文中的"崔魏"二人便是他的忘年交。崔尚为武则天久视二年（701）进士，魏启心在中宗神龙三年（707）才膺管乐科及第，也是杜甫的老师。

崔、魏二人称赞他才华似班固、扬雄一般。班固是《汉书》的作者，是东汉著名的史学家、文学家，扬雄则是"汉赋四大家"之一，两人都是文坛泰斗，如此称赞杜甫，足见杜甫的才华水平。

在杜甫的诗中，对年少时的回忆总是美好的。那时，杜甫经常出入于岐王李隆范和中书监崔涤的府邸。李隆范是唐玄宗李隆基的弟弟，是个爱才好学之人，尤其喜好音律，常邀请乐师来府中做客演奏，呼朋唤友，共襄盛事。《江南逢李龟年》是杜甫经历安史之乱后，偶遇唐朝著名乐师李龟年时所作。

岐王宅里寻常见，崔九堂前几度闻。
正是江南好风景，落花时节又逢君。

曾经的杜甫衣食无忧，才华横溢，常常进出岐王府，所以见过李龟年很多次，也欣赏过李龟年出色的演奏。安史之乱后，李龟年流落江南，靠卖艺为生，碰巧杜甫也流亡至此，两人如此境地相遇，不免回想往日在岐王宅中歌舞升平的场景，令人唏嘘。

这首诗可谓是杜甫绝句中的经典，寥寥二十八字，将世间的欢喜与落寞刻画得淋漓尽致，有开元初年鼎盛时期的繁华，也有国事凋零后颠沛流离的落寞，不说哀伤，却更凄凉。

开元初年时，杜家仍有实力，所以杜甫在这一时期的生活依然富足无忧，享受着一些官宦人家独有的特权，既不担心赋税，也不用去服兵役，每日只需潜心读书，吟诗习字。没有经历太多的苦难，也没有见过官场的钩心斗角，十四五岁的他依然保持着一颗纯净的心，依然怀揣着少年的梦。

忆年十五心尚孩，健如黄犊走复来。

庭前八月梨枣熟，一日上树能千回。

　　杜甫在《百忧集行》的开篇描述了一个生动的场面，在五十岁的时候，回忆起十五岁的自己，那时，他的心智犹如一岁的孩子，身体强壮得像个初生的牛犊，每天都是朝气蓬勃、意气风发。依稀记得年少时，每年八月，庭院里的枣子、梨子成熟了，每天上树打果子，一天能上千百回。多年过去，五十岁的杜甫如此怀念年少的时光，只因为无忧无虑的生活只出现在前半生，回忆中的点滴是那样的珍贵，让人难以忘怀。

　　如果杜甫的一生，都生活在如此安逸的环境中，那唐诗厚厚的卷轴中，将失去许多珍贵的作品。苦难自古便是文学的伴侣，在诗人的笔下，每一段经历，都被冶炼成一块方砖，叠放在诗人的脚下，送他去灵魂才能到达的远方。

　　年少时，杜甫的世界是一间书房、一摞宣纸、一支剑舞、一曲悠扬，他的眼前是温暖和煦的，亲人在旁，他犹如一棵被精心呵护的树苗，在茁壮地抽着枝条，渴望有一天可以枝繁叶茂、高耸入天，有自己的一方天地。

　　小小少年，在幽深的庭院中慢慢地成长着，傍晚时分，清风徐来，吹动庭院中的果树叶子沙沙作响，杜甫伏在案牍之上，品读着祖父写的诗句，一行行，一句句，揣摩着字里行间的情感。未来还很远，他想，只要努力勤奋，便能成为如先祖一般优秀的人，辅佐一位贤君，成就一番事业。

岁月并没有温柔地对待这瘦弱的少年，前方的路并不平坦，无数的苦难已经暗暗躲藏起来，这是时代的悲哀。天真烂漫的梦只能留在童年，手中提笔，心中成句，杜甫就是他诗中如凤凰一般的人，在如涅槃般的人间历练后，拥有了灿烂夺目的光彩，翱翔在天地间，吟尽这世间荒唐事。

水乡吴越

日出日落，草长莺飞。微风在山水之间流转，点点碎云停留在天边。一个少年，背影纤瘦，脊梁挺拔，眺望远方，心中早有方向，片刻休憩后，加快脚步，心灵之旅才刚刚开始，留下一行脚印在身后，还有送行的歌声在远处悠扬飘荡。

在杜甫弱冠之年，迎来了他的第一次出游，这个有些瘦弱的年轻人，开启了他的行走人生，步入新阶段。他将自己旅游出行的方式称为"壮游"，杜甫是这个词的缔造者，一直流传下来。所谓"壮游"，并不是壮年时的旅游，也不是壮士的旅游，而是心怀壮志的旅游。闻名中外的唐玄奘西天取经，就是历史上最出名的"壮游"。

往昔十四五，出游翰墨场。斯文崔魏徒，以我似班扬。

七龄思即壮，开口咏凤凰。九龄书大字，有作成一囊。

性豪业嗜酒，嫉恶怀刚肠。脱略小时辈，结交皆老苍。

饮酣视八极，俗物都茫茫。东下姑苏台，已具浮海航。

到今有遗恨，不得穷扶桑。　王谢风流远，阖庐丘墓荒。
剑池石壁仄，长洲荷芰香。　嵯峨阊门北，清庙映回塘。
每趋吴太伯，抚事泪浪浪。　枕戈忆勾践，渡浙想秦皇。
蒸鱼闻匕首，除道哂要章。　越女天下白，鉴湖五月凉。
剡溪蕴秀异，欲罢不能忘。　归帆拂天姥，中岁贡旧乡。
气劘屈贾垒，目短曹刘墙。　忤下考功第，独辞京尹堂。
放荡齐赵间，裘马颇清狂。　春歌丛台上，冬猎青丘旁。
呼鹰皂枥林，逐兽云雪冈。　射飞曾纵鞚，引臂落鹙鸧。
苏侯据鞍喜，忽如携葛强。　快意八九年，西归到咸阳。
许与必词伯，赏游实贤王。　曳裾置醴地，奏赋入明光。
天子废食召，群公会轩裳。　脱身无所爱，痛饮信行藏。
黑貂不免敝，斑鬓兀称觞。　杜曲晚耆旧，四郊多白杨。
坐深乡党敬，日觉死生忙。　朱门任倾夺，赤族迭罹殃。
国马竭粟豆，官鸡输稻粱。　举隅见烦费，引古惜兴亡。
河朔风尘起，岷山行幸长。　两宫各警跸，万里遥相望。
崆峒杀气黑，少海旌旗黄。　禹功亦命子，涿鹿亲戎行。
翠华拥英岳，螭虎啖豺狼。　爪牙一不中，胡兵更陆梁。
大军载草草，凋瘵满膏肓。　备员窃补衮，忧愤心飞扬。
上感九庙焚，下悯万民疮。　斯时伏青蒲，廷争守御床。
君辱敢爱死，赫怒幸无伤。　圣哲体仁恕，宇县复小康。
哭庙灰烬中，鼻酸朝未央。　小臣议论绝，老病客殊方。
郁郁苦不展，羽翮困低昂。　秋风动哀壑，碧蕙捐微芳。
之推避赏从，渔父濯沧浪。　荣华敌勋业，岁暮有严霜。
吾观鸱夷子，才格出寻常。　群凶逆未定，侧伫英俊翔。

这首《壮游》大约作于大历元年（766），晚年的杜甫卧病在四川，用这首叙事诗回顾了他的一生。从幼年学诗写起，到漫游的轨迹、见闻，还有科考落榜、经历安史之乱，到滞留巴蜀的生活……是了解他人生经历的重要史料。

唐朝时期，青年人喜欢游览大江南北，领略不同的风土人情，不少文人雅士在游历时，创作出精彩的诗词作品，在民间流传，后流芳百世。杜甫被这些诗词深深地吸引，他好奇诗句中提及的景致是怎样的美妙，他还未离开过家乡，没有独立感受过这个世界，他对外面的一切充满向往，才让他萌生出游的想法。

出游是结交良师益友的好途径，开阔眼界也是成长的必修课。父亲支持杜甫的想法，好男儿志在四方，父亲希望他能考取功名，辅佐君王，将杜家发扬光大。

开元十八年（730），杜甫整理行装，带着父亲的嘱托，迈出了家门，开始了他的第一次出游。这次出游时间并不长，前后大约一年的时间，途中结识了韦之晋、寇锡等好友，初识了大好江山，感受了不同的风土人情，这段精彩的经历让杜甫欣喜。

多年后，杜甫在湖南再次与故友韦之晋、寇锡相遇，此时的韦之晋已经升为刺史，寇锡也成为御史。之后，杜甫在得知韦之晋去世的消息后，写下《哭韦大夫之晋》，开篇有："凄怆郇瑕色，差池弱冠年。丈人叨礼数，文律早周旋。"

诗中提及的"郇瑕"便是他那次出行的目的地，即今山西临猗附近，是晋国的故地，有着悠久的历史。

杜甫为寇锡所作《奉酬寇十侍御锡见寄四韵，复寄寇》也提及此地，诗曰："往别郇瑕地，于今四十年。来簪御府笔，故泊洞庭船。诗忆伤心处，春深把臂前。南瞻按百越，黄帽待君偏。"

回忆起四十年前，在郇瑕与寇锡相识的场景，杜甫不免心生感慨，曾经你我都是朝气蓬勃的青年，如今再见已白发苍苍。

短暂的旅程结束后，杜甫回到家中，感受过广阔天地的青年杜甫，已经迫不及待地将路上所见所闻与家人分享。

这次小游让杜甫意犹未尽，他仍然有未完成之心愿，他决定去更远的地方，去亲眼见识一下那些曾经出现在别人诗句中的"高山流水"。

开元十九年（731），方过弱冠之年的杜甫迎来了他人生中第一次真正意义的漫游——吴越之行。"吴越"是指春秋的吴国、越国，两国各取一字，包括如今的江苏南部、上海、浙江、安徽南部、江西东北部一带。他计划从洛阳出发，走水路，沿着大运河，经过淮阴、扬州，渡过长江，到达江南。吴越地区地大物博，风景名胜数不胜数，他要饱览大好河山，享受太平盛世，结交更多的知音佳友。

之所以选择江南，还因为杜甫想前去拜会曾在浙江德清县一带担任过"武康尉"的叔父杜登和"卒常熟主簿"的姑丈贺撝，一则可以为他提供些经济支持，二则也为将来的仕途之路做些铺垫。

此时是唐玄宗开元时期，正值盛世华年、国力雄厚、国泰民安之时。文化在这种祥和的氛围中得到充分的发展，唐诗也进入了繁茂期，诞生无数传世作品。

杜甫出行期间，也创作了许多作品，可惜流传下来的只有两三首，与他后期作品相比较，情感略显"单薄"，但仍可见笔触之宏伟磅礴。

《忆昔》是杜甫在广德二年（764）所作，回忆唐玄宗时期"开元盛世"的场景。

> 忆昔开元全盛日，小邑犹藏万家室。
> 稻米流脂粟米白，公私仓廪俱丰实。
> 九州道路无豺虎，远行不劳吉日出。
> 齐纨鲁缟车班班，男耕女桑不相失。
> 宫中圣人奏云门，天下朋友皆胶漆。

在大唐盛世之下，小城市就有万户人家，农业发达，稻米丰收，米仓都装得满满的，快要溢出来。天下一片太平安定，山上无流寇，路上无豺狼虎豹，想要远行随时可以出门，不必筹备太长时间。往来的商贾车马络绎不绝，男耕女桑，各安其业。宫中的天子奏响祭祀天地的乐曲，人们友善互爱，关系融洽……

如此的太平盛世，是百姓之福，人们可以生活在自己的家乡，过着平静而安定的生活。一路走来，所见所闻让杜甫心胸豁达，褪去了少年稚气的模样，曾经那些只存在于先人诗词中的场景，也一一呈现在眼前。

杜甫出游具体行程并没有太多文字资料记载，后人多是通过他后期创作的一些作品中了解这段历史。除了《壮游》以外，还有许多与好友追忆往昔的作品，诗中频繁提到这次出行的见闻，成为后世读者了解这段历史的重要资料。

从洛阳出发后，一路沿着大运河顺流而下，经历数日的舟车劳顿之后，杜甫到达江宁，也就是今天的南京。

这座烟水氤氲的六朝古都，杜甫早在前辈诗人谢灵运、鲍照的诗句里领略过它的旖旎风采，心驰神往。如今，真的置身其中，其内心情感可想而知！

这里是文人雅士聚集之地，到处可见三五成群的年轻人结伴出行，汇聚了天南海北的风流才子。在江宁，他和一位名叫旻上人的僧人交往甚密。

他们闲来敲棋，纵论风月，好不惬意。后来，他在那首《因许八奉寄江宁旻上人》的诗中追忆了这段逍遥岁月，并捎去了对旧友的丝丝牵念：

不见旻公三十年，封书寄与泪潺湲。
旧来好事今能否，老去新诗谁与传。
棋局动随寻涧竹，袈裟忆上泛湖船。
闻君话我为官在，头白昏昏只醉眠。

唐代的瓦棺寺已是一座颇有名气的寺庙，在那里杜甫有幸欣赏到了东晋大画家顾恺之的《维摩诘像》。维摩诘是佛教里著名的居士。这幅壁画在中国古代绘画界有着极高的地位。

　　关于这幅壁画，有一个传说。根据《佛祖统纪》《金陵梵刹志》等史料记载，在瓦官寺建寺之初，僧人在名流雅士中募集善款，作为建寺使用，顾恺之当时就潇洒地答应捐助百万——这在当时，简直就是一个天文数字。眼看着交钱的日子到了，顾恺之遂来寺里，求得一面粉墙，他要在上面创作一幅维摩诘的画。

　　闭门画了月余，维摩诘的躯像画好了，却没有画眼睛。他对寺庙的僧人说：第一天来看画像的人，请他施十万；第二天来看画像的人，请他施五万；第三日来看画像的人，可以随意布施。

　　到了开放日那天，顾恺之大笔一挥，为维摩诘画像点上了眸子，只见他双目熠熠生辉，瞬间鲜活起来，呼之欲出。第一天来观看的人不禁为之惊叹，称赞顾恺之神来之笔。随后，这维摩诘壁画就轰动了整个金陵城。第二天一早，寺庙门口就排起了长队，达官贵人们每人带着五万的善款来一睹画像风采。第三天，来观赏的人不计其数，百万善款轻松筹得。

　　后来，好友许八送给他一幅壁画的临摹本，杜甫喜出望外，在 47 岁之际写下的《送许八拾遗归江宁觐省》中有："看画曾饥渴，追踪恨渺茫。虎头金粟影，神妙独难忘。"

说的就是他得到拓本并留下深刻印象以及多年之后的念念不忘。能够欣赏到顾恺之的壁画，是杜甫在漫游途中的最大收获。顾恺之的画，极大地激发了杜甫的创作灵感，他的一生也因此与画结缘，与画家结缘。

作别江宁，杜甫来到了吴境之内，他寻古访旧、纵游山水。这一站，杜甫凭吊了姑苏台，这里是吴王阖闾眺望太湖的地方。当年吴王夫差荒淫无度，花了五年的时间，在这里建造极其华丽、规模宏大的姑苏台，以供他玩乐。后越国进攻吴国，吴王夫差狼狈逃亡至此，被困山中，求和未成，自刎而死。而这名噪一时的姑苏台被越国将士付之一炬，化为一片废墟。

这里见证了一个国家的兴衰，颇具警醒深意，杜甫立志"致君尧舜上"，所以一定要登上姑苏台，重温吴国事。所谓知古鉴今，曾经的兴衰成败虽已逝去，却还值得今人研究评判。

凭吊完姑苏台，杜甫来到埋葬吴王阖闾和传说中的神剑的虎丘。权力与富贵在死亡面前不值一提，最后陪伴的只有一块冰冷的墓碑。传说夫差在埋葬父亲阖闾时，将父亲生前喜欢的"扁渚"剑和"鱼肠"等三千柄名剑陪葬于墓中。夫差的孝心感动了苍天，三天后，一只白虎徘徊在阖闾的墓旁，久久不肯离去，最后化作一块大石，便是"虎丘"的得名。

长洲苑也是杜甫不能错过的地方，那里是春秋时期吴王阖闾狩猎游玩之地，如今在苏州市的西南、太湖北。此处风景优美，杜甫来时，恰逢荷花盛开，清风徐来，带着淡淡荷花香，让人心旷神怡。这里是文人雅士钟爱之所，许多诗人游到此处赋诗，称赞其景观别致。

《壮游》中，杜甫给漫游吴越做了总结："东下姑苏台，已具浮海航。到今有遗恨，不得穷扶桑。王谢风流远，阖庐丘墓荒。剑池石壁仄，长洲荷芰香。嵯峨阊门北，清庙映回塘。"杜甫心存遗憾，他的目标越来越远，甚至想去"扶桑"看一看。

这首《壮游》是杜甫晚年时期的回忆之作，而出游途中所作的诗几乎都已散佚，在唐人樊晃的《杜工部小集序》中记载："江左词人所传颂者，皆公之戏题剧论耳。"他认为江南一带流传的杜甫诗作都是一些游戏之作。

就这样，经过几年游历，杜甫犹如羽翼丰满的苍鹰，展翅翱翔，他的世界不再是单调的书本，眼前也不再只是小小的庭院。他游览名山大川，方知天地广阔，看尽江河湖海，才有洒脱自在，所有感悟都成为他身体的一部分，落在他的笔下，浸透在字与字之间，成为他诗作的灵魂存在。

第二章

游四方·会当凌绝顶，一览众山小

初试落败

　　脚步轻轻，少年踏上了远行之路。少许行装，几本书籍，路在脚下，梦在前方，要问终点在何处，少年不回答，只是眺望远方。

　　漫游吴越，杜甫走得不慌不忙，不会刻意地制订计划，每到一处，也许只停留片刻，也许逗留几日，如果遇到志同道合的朋友，煮酒赏花，吟诗作画，停留的时间就更长一些。就这样，一走就是四年。

　　四次春秋轮回，在不同的地方，领略不同的风景。这是一场慢悠悠的约会，杜甫与未来的自己相约，在下一个地方相见。

　　杜甫在这四年中走过许多地方，游名胜古迹，赏自然风光，日日与吴越美景相伴，感受着不同城市的人文气息。大好河山尽在眼底，他的心中仿佛装下了整个天地。

　　开元二十三年（735），杜甫还在吴越之行的途中，收到了一封故乡寄来的家书，内容是告知皇帝将要来到东都洛阳举行一场科举考试，家人催促杜甫去应试。

根据记载，这是杜甫唯一一次江南之行，至此之后，再也没有机会踏上那片土地，梦中的江南始终景色优美，可惜每每梦醒之后，只能面对真实的人生。

　　历史上的这一年，长安城遭遇了多年不遇的水灾，损失惨重，城外农田几乎颗粒无收，唐玄宗带着大小官员来到洛阳，在洛阳"办公"治国，所以科举考试也改在洛阳举行。

　　从小饱受儒家思想教育的杜甫，深知自己未来一定要走科考之路，为了参加这一年的科举考试，他从江南回到故乡，后又到洛阳，结束了这次漫游吴越之旅。

　　在唐朝，皇帝选拔人才的主要途径是科举考试。凡是唐朝子民，无论是平民百姓还是官家子弟，都可以参与报名。所以，学子们都期待着能科考高中，出人头地，光宗耀祖，报效国家。

　　杜甫家世代为官，其父杜闲自然希望杜甫和其他几个孩子可以考取功名，光耀门楣。所以在得知科考消息后，马上通知在外游历的儿子，要他一定赶回来参加乡贡的考试。

　　唐代科举考生主要分为两大类：一是朝廷官方设置的国子监、弘文馆、崇文馆以及各地州县学馆的学生，他们被统一送到尚书省受试，这些人被统称为生徒。另外一种是不经过学馆，先由州县考试初选，及第之后再送尚书省应试，这些人被称为乡贡。

　　杜甫便是通过了家乡的乡贡考试，作为贡士送到洛阳参加科举大考的。

此次主持考试的是考功员外郎孙逖。最后登进士第的人有贾至、李颀、萧颖士、赵骅等，杜甫意外落第。

但凡选拔之事，必是残酷的，在数量众多的考生中脱颖而出并非易事，最后通过审核的可用之才寥寥无几，可谓是千军万马争过独木桥，竞争激烈。据史料记载，这一次的科举考试，参考人数超过三千，最后通过考试的只有二十七人，百里挑一，凤毛麟角。

杜甫天资不凡，从小耳濡目染祖辈光辉事迹，一直立志考取功名，"致君尧舜上，再使风俗淳"，这是杜甫所作的《奉赠韦左丞丈二十二韵》里的诗句，他希望辅佐君王，让君王可以超过尧帝舜帝，让民风淳朴、百姓安居。这两句诗表达了他远大的政治理想和抱负，可惜杜甫一生仕途失意，只留下诸多遗憾。

杜甫在《壮游》中这样讲述这次科举考试："气劘屈贾垒，目短曹刘墙。忤下考功第，独辞京尹堂。"返航的船帆擦着天姥峰，带着他踏上了回河南巩县的路程。流水带走了两岸的美景，夕阳落下，晚风萧萧，像是离别的歌声，在耳边低声吟唱。

不难理解，此次科考恰逢杜甫游山玩水归来，他的心却依然流连在江南醉人的风光中，充满了痴迷与不舍，有人说他玩心尚在，无心应试，甚至想早些结束，那样就可以再次投身在广阔的天地之间，畅游江山无限。

二十四岁的杜甫自信文采了得，满怀期望可以考得功名，但是他的诗文却不被主考官欣赏，不对官员的"口味"，所以第一次参加科举考试的杜甫以失败告终。

后世对杜甫首次科考落败原因有很多种揣测，具体原因可以从相关资料中分析一二。主考官孙逖是唐朝著名的史学家，自幼能文，才思敏捷。当年主考科举考试，为朝廷选中人才数名。据《旧唐书·文苑列传》记载："（逖开元）二十一年，入为考功员外郎、集贤修撰。逖选贡士二年，多得俊才。初年则杜鸿渐至宰辅，颜真卿为尚书。后年拔李华、萧颖士、赵骅登上第。逖谓人曰：'此三人便可堪纶诰。'二十四年，拜逖中书舍人。"

可见，主考官员孙逖是一名合格的史官，经他手选拔的人才在为官期间皆有建树，并非徇私舞弊而录取一些平庸之辈。唐人萧颖士也曾在《赠韦司业书》中说："曩时，与孙考功无里闬交游之知，亲朋推荐之分；势悬望阻，声尘不接。蹑无情之路，回必断之明，怀恩下隔于至公，而见遇尽关于薄技。则是仆词策之知己，非心期之知己。"再证孙逖的人品。

也许正如传闻所言，杜甫当时并无心公考，只想纵情山水之间，继续游历之路。亦或许杜甫的文章在那个阶段有些"青涩"，担不起国之重任，所以遗憾败北。历史上，杜甫参加科考之前的作品都没有保留下来，无从得知当时杜甫文笔究竟如何，但从之后"齐赵游历"途中的作品来看，杜甫当时很有可能笔锋稚嫩，所作文章不能打动孙逖，没有通过审核。

"忤下考功第，独辞京尹堂。"考试之前，杜甫自信满满，认为自己必然高中，结果却不尽如人意，他受的打击自然很大，但是杜甫很快从失落中走了出来，短暂休整之后，继续了他的漫游之旅——齐赵之游。

如果杜甫在第一次科考就高中，也许他一生的轨迹都会改变，人的一生都在与命运抗衡，一次成败便可改变余生。年轻的杜甫并没有过于沉浸在失落的情绪中，科考功名机会还有，可时光逝去便不再回来，杜甫还是决定把时间放在美好的事物上。

人生如海上行舟，随着潮涨潮落起伏，在时代的洪流里，没有人可以独善其身。杜甫在盛世之下，没有走上仕途之路，也许也是命中注定。人生没有如果，每一条生命线都有它独一无二的轨迹，杜甫走在属于他的路上，步伐坚定，不慌不忙。

放荡齐赵间

　　杜家少年，风华正茂。与山水重逢，犹如飞鸟重归天空，鱼儿回归河流，他在游历中找到了真实的自己，超然、自信，富有力量。

　　吴越、齐赵之旅，前后历经十年时间，这十年也是杜甫最为洒脱的阶段，少年时虽然衣食无忧，却只能在庭院书房中度过，如今见识了千山万水，杜甫才真实感受到人世间的广阔，对以前读过的诗文也有了完全不一样的理解和感悟。

> 放荡齐赵间，裘马颇清狂。
> 春歌丛台上，冬猎青丘旁。
> 呼鹰皂枥林，逐兽云雪冈。

　　杜甫在《壮游》中这样描述齐赵之行：春天时，站在邯郸的丛台上放声高歌，冬天时，又在青丘、皂枥林、云雪冈打猎游玩，他在齐赵的大地上肆意欢笑着，驭马驰骋，弯弓射雕，正是年少轻狂的模样。

游至齐地，杜甫结识了好友苏源明，一个文采了得的诗人。杜甫与他一见如故，时常相约一起骑马打猎。

杜甫在很多诗里都提及自己骑马技艺高超，"射飞曾纵鞚，引臂落鹙鸧。苏侯据鞍喜，忽如携葛强"。一次，杜甫与苏源明相约狩猎，杜甫手举弯弓，将天上一只大鸟射下，苏源明大喜，称自己是那晋朝的将军山简，杜甫则是他不离左右的大将葛强。

闻一多先生研读《壮游》，曾有过这样的遐想："过路的人往往看见一行人马，带着弓箭旗枪，驾着雕鹰，牵着猎狗，往郊野奔去。内中头戴一顶银盔，脑后斗大一颗红缨，全身铠甲，跨在马上的，便是监门冑曹苏预（后来避讳改名源明）。在他左首并辔而行的，装束略微平常，双手横按着长槊，却也是英风飒爽的一个丈夫，便是诗人杜甫。两个少年后来成了极要好的朋友。"

想象出如此生动的场景，先生一定是十分欣赏杜甫的，才会在几句简单的诗句中，幻化出一个完整的画面。

齐赵之地拥有众多名胜古迹、自然风光，前人留下许多诗作，歌颂人文历史，歌颂大自然的鬼斧神工。

作为五岳之首的泰山一定是杜甫不可错过的景致，在唐代泰山已享誉盛名，文人雅士争相攀登，创作了诸多作品歌颂泰山的雄伟壮丽。

《望岳》是杜甫齐赵之行的经典之作，有人也称这首诗是杜诗之源。

岱宗夫如何？齐鲁青未了。

造化钟神秀，阴阳割昏晓。

荡胸生层云，决眦入归鸟。

会当凌绝顶，一览众山小。

要问东岳泰山美景如何？走出齐鲁，山色青青依然历历在目，没有尽头。大自然的造化如此神奇，在这里汇聚了天地灵气，千种美景，山南山北，被分割成明暗两个截然不同的部分，分不出是清晨还是黄昏！层层叠叠的白云，荡涤着人的心灵，翩翩飞鸟，飞入眼前的画卷中。一定要登上泰山的最高峰，才能俯瞰群山，那高耸的群山此刻在诗人的眼中变得那样渺小。

泰山的气魄是诗人未曾见识过的，面对如此壮阔的景象，诗人的心情也随着豪迈奔放。这是富有激情的一首诗，如他当时的年纪一般，充满活力。虽然刚刚经历科考失败，但是从中可以感受到杜甫的雄心壮志和永不言输的精神。他纵情于山水间，用脚步丈量生命的长度。

这个时期，父亲杜闲正在兖州做司马，所以，杜甫当时的生活仍算富足，将兖州作为他行程中的一站，除省亲之外，还可以游览当地的人文景观，《登兖州城楼》就是杜甫当时所作。

东郡趋庭日，南楼纵目初。

浮云连海岱，平野入青徐。

孤嶂秦碑在，荒城鲁殿馀。

从来多古意，临眺独踟蹰。

青年时期的杜甫多以风景抒情为主，诗中记录了他第一次登上兖州城楼的情景。站在这里放眼远眺，看到天边浮着的白云，连接着东海和泰山，一马平川的原野挺入青州和徐州。峄山上的秦始皇石碑犹如一座高耸的山峰，屹立在那里，鲁恭王修建的灵光殿此时只剩下满眼荒芜的城池。杜甫自叹从小便有怀古伤感的情怀，如今站在城楼上远眺，目之所及皆有所感，独自徘徊，独自感慨。

二十多岁的杜甫，如正午的太阳，身上散发着热，散发着光，周身充满了力量，想去征服最高的山、最远的河，还有最烈的马。齐赵之行，是杜甫诗作流传下来的最早时期，作品数量并不多，除了《望岳》《登兖州城楼》以外，还有《房兵曹胡马》和《画鹰》。杜甫一生尤其喜欢马和鹰，把它们比喻成战斗的生活和崇高的品质。

房兵曹胡马

胡马大宛名，锋棱瘦骨成。

竹批双耳峻，风入四蹄轻。

所向无空阔，真堪托死生。

骁腾有如此，万里可横行。

房兵曹的这匹马是著名的大宛马，它神清骨俊，骨骼棱起，隆起的脊梁犹如刀锋，两耳尖峭，好像斜削的竹筒；跑起来四蹄轻快，犹如卷动的劲风。无论前途多么遥远，未来多么辽阔，只要骑着它就不必害怕，可以将生死托付与它。有这样的骏马，人们可以横行万里，报效国家。

　　看似写马，实则写人，他赋予"胡马"战士一样的灵魂，寄托自己渴望报效国家的赤子之心。千百年过去，文中的房兵曹是何许人已经无从得知，但杜甫将这匹骏马刻在了岁月里，也将他的雄心壮志一并保存了下来。

　　《画鹰》是一首题画诗，题画诗开始于唐朝，那时文人骚客喜好品诗论画，在一幅满意的画作完成之后，题上一首题画诗，和画相互呼应，相得益彰。杜甫的题画诗堪称一绝，《画鹰》更是其中的上乘之作，可称得上是唐代题画诗之最。

　　　　素练风霜起，苍鹰画作殊。
　　　　㧑身思狡兔，侧目似愁胡。
　　　　绦镟光堪摘，轩楹势可呼。
　　　　何当击凡鸟，毛血洒平芜。

　　几句简短有力的文字，将一幅苍鹰画作展现在眼前。即便是没看过这幅画作的人，也能通过杜甫笔下的描述，感受这幅鹰画的气势。

　　在素白色的绢布上，一片风霜肃杀之气腾空而起，让人不寒而栗，这都是因为画家的这只苍鹰栩栩如生！它身姿矫健，耸起身子似乎下一秒就要攫取狡猾的兔子一般。它的眼睛侧目而立，脚上的绦绳也十分逼真，画挂在门栏上，看上去鹰似乎就要飞出画卷一般。如此凶猛的苍鹰就应该展翅翱翔，击败那些平庸的凡鸟，让它们的血都洒在这平原上。

在诗中，杜甫展现的是裘马轻狂，快意人生。他洒脱、自在、昂扬奋发，充满了青春活力，饱含积极进取之心。

诗中有阳光，照在杜甫生命的缝隙中，在之后的战乱中漂泊流浪的岁月里，杜甫时常怀念年轻时的自己，怀念漫游的岁月，怀念以诗会友的生活，这些经历犹如一盏长明灯，在灰蒙蒙的日子里，透射出些许微光慰藉自己。

借诗言志，以诗传情。齐赵游历期间，杜甫仍旧胸怀天下，渴望功成名就，他并没有因为一次科考失败气馁，而是仍怀着一颗赤诚之心，希望如骏马和雄鹰一样，有朝一日展示自己的实力，效仿祖辈，为国尽忠。

春来暑往，秋去冬藏。杜甫的齐赵之旅走了一年又一年，广袤山河仿佛永远没有尽头，美丽的景色穿插在四季中，让人流连忘返。两次漫游的经历是宝贵的，让杜甫感受到了江南婉约之美，也领略过自然山川湖泊之壮丽，结识了众多志同道合的朋友，这些都是人生不可多得的财富。

如果儿时杜甫只是将写诗作为一种娱乐，那漫游吴越、齐赵期间的杜诗已经颇有几分深意，写马不止马，画鹰不是鹰，弦外有音，诗外有意。他的诗如他的人，正在慢慢地成长，犹如儿时庭院中的果树，经历了风雨，终要结出丰硕的果实。

鹣鲽情深，相依相守

　　吴越、齐赵之行即将结束，杜甫心中十分不舍，但天下没有不散的筵席，他终究是要踏上归途的。整理了行装，杜甫依依不舍地望着远方未曾去过的山峰，转身启程，返回家中。

　　十年之旅，杜甫收获满满，他感受到了不同的地域文化，了解到诸多人文历史，更重要的是结交了许多知音好友。杜甫是一个乐于结交朋友的人，他的作品中赠予好友的诗占有相当大的比重，这些朋友都因为彼此欣赏走到一起，许多人与杜甫一直保持着联系，有些人却再也没机会相见。

　　阔别家乡多年，杜甫再次回到洛阳，心中不禁感慨万千。遥想当年，离开家时还是翩翩少年，归来却已是成熟稳重的成年人，目光坚毅，内心充盈。

　　好友虽是志同道合，却不能长久相伴，归来的杜甫已经到了三十而立的年纪，这在当时已经属于"大龄青年"，游历多年，耽搁了娶亲之事，家人开始为他的终身大事奔走。

关于杜甫妻子的历史资料并不是很多，但在杜甫的诗作中多次提及。杜甫妻子杨氏是弘农县（今河南灵宝）司农少卿杨怡之女，比杜甫小十多岁。司农是古代官名，在上古时代是负责教民稼穑的农官。在汉朝是九卿之一，掌钱谷之事，又称大司农，相当于今天的财政部长。这门亲事可谓是门当户对，家人和杜甫本人都极为满意。

婚后，夫妻二人举案齐眉，十分恩爱。他们长相厮守，相伴一生。据统计，杜甫上千首诗中，提及妻子的约有二十首，其中《月夜》被当代人称为一首最浪漫的情诗，堪称经典。

今夜鄜州月，闺中只独看。

遥怜小儿女，未解忆长安。

香雾云鬟湿，清辉玉臂寒。

何时倚虚幌，双照泪痕干。

这是杜甫被困长安时思念妻子所作，因为许久没见面，他只能靠诗文来传情。杜甫猜想妻子此时在鄜州，独自一人对着天上的明月，默默思念自己。远在他乡的儿女们还小，还不懂母亲思念父亲的那份情感。染香的雾气将你的鬟发打湿，明月的清光让你的玉臂生寒。不知何时才能并肩坐在帷帐之中，月光照着你我，把这相思泪痕擦干。

杜甫的浪漫是含蓄的，如诗表达，句句相思不见思、言情不见情，可谓"语意朦胧"。一轮明月，一片月光，便是最浓相思情。创作这首诗的时候，杜甫年逾四十，与杨氏已经育有子女，但在如梦般的思念画面中，还是以"玉臂"来形容妻子，可见，在他心中妻子的形象永远是少女时的模样。

在唐代这样一个鼎盛的时代，一夫一妻是很少见的，无论是达官显贵，还是文人雅士，大多有妻有妾，还有几个红颜知己，杜甫反而成了其中的异类。他只有一妻，而且没有什么"绯闻"，在那样一种社会氛围中，这份感情十分难得。

有人说杜甫是不解风情的失意人，其实杜甫是浪漫的，只不过他的浪漫不在表面，而在内心，他的情不是奔腾的海，而是涓涓的溪，浸透在字与字之间，流传百世。

相传，杨氏是一个目不识丁的大家闺秀，嫁给杜甫前过着衣食无忧的生活。两人成婚时，杜甫家境尚可，但是好景不长，新婚不久，杜甫父亲过世，再加上杜甫之前没有通过科考，也没有什么经济来源，从此家道中落，慢慢走向衰败。两人生活贫苦，漂泊无依，但杨氏始终相伴左右，不离不弃，最终白头到老。得此贤惠的夫人，是杜甫的幸运。

杜甫父亲杜闲于唐玄宗开元二十九年（741）病逝，自汉代以来，便有丁忧守制的传统。即家中父母过世之后，子女需按照礼制持丧三年，在此期间，不得行婚嫁之事，不预吉庆之典，任官者必须离职。

"奉儒守官"的杜家一直有着丁忧守制的传统，父亲杜闲曾为祖父杜审言丁忧守制，如今父亲去世，杜甫也需要为父亲丁忧守制三年。按照当时的法律规定，丁忧人不能租赁私人房屋居住，所以杜甫在附近挖了几孔土窑，建筑新家，也就是后来其在诗中经常提到的"尸乡土室"。

杜甫之所以选择偃师县西北的首阳山下，因为这里是京兆杜氏的祖茔之地，杜家的先辈都埋葬于此，其中有祖上杜预，还有祖父杜审言。两位都是杜甫十分崇拜的长辈，对杜甫一生影响巨大。

新家取名为陆浑山庄，这个名字颇有来头。陆浑是春秋时期居住在今甘肃敦煌附近的少数民族陆浑戎之允姓部落。经过历时变迁，朝代更迭，这个部落迁至河南，名字仍为陆浑。

在唐代许多诗作中，都曾出现过陆浑的影子，像宋之问的《寒食还陆浑别业》《陆浑山庄》《游陆浑南山》，岑参的《巴南道中思陆浑别业》《送陈子归陆浑别业》，王维的《奉送六舅归陆浑》等。

杜甫的诗中也出现过这个名字，在《忆弟二首（时归在南陆浑庄）》和《过宋员外之问旧庄》中都有提及。之所以将新家取名陆浑庄，就是希望如那个迁址不更名的部落一样，即使从杜家搬了出来，但他还是杜家的一分子，不忘祖训，更没忘本。与祖先为邻，杜甫时刻提醒自己，要铭记祖辈教诲，更要以天下为己任，不可苟且一生。他在陆浑庄祭祀祖灵所作《祭远祖当阳君文》中有："小子筑室，首阳之下，不敢忘本，不敢违仁。”

这篇祭文是他散文中最为著名的作品。文中记载了当阳侯杜预一生的主要功绩，思古明今，不敢淡忘。也记载了父亲死后，杜甫在祖茔为他树立的高大的石碑，采集白蒿，举行大型的祭祀活动。文中"庶刻丰石，树此大道。论次昭穆，载扬显号。予以采蘩，于彼中园。谁其尸之，有齐列孙"便是对这场祭祀活动的主要记载。

父亲和继母相继离世，将杜甫从小带到大的二姑母也病逝，杜家家境越发窘迫，杜甫度过了三年守制时光，人生进入了下一个阶段。

杜甫没有为妻子列传，也许他认为妻子和他已经成为一体，他们没有嫌贫爱富，更没有"大难临头各自飞"，而是在极其艰苦的岁月中相互搀扶，一路同行。

在杜甫的诗中，杨氏被他称为"老妻""山妻"。

自京赴奉先咏怀五百字（节选）

老妻寄异县，十口隔风雪。

谁能久不顾，庶往共饥渴。

遣闷奉呈严公二十韵（节选）

黄卷真如律，青袍也自公。

老妻忧坐痹，幼女问头风。

在更多的诗中，妻子像是杜甫无话不谈的朋友，能够与他同悲同喜，更能与他同心同德。

一百五日夜对月

无家对寒食，有泪如金波。

斫却月中桂，清光应更多。

仳离放红蕊，想像嚬青蛾。

牛女漫愁思，秋期犹渡河。

寒食节的夜晚，亲人并不在身旁，想到远方的亲人，眼泪又如金波流出来。看看那明月，如果将其中的桂花树砍断，也许月光会更加清澈皎洁吧！这多情的月光啊，偏偏在离别时散播光泽，这样地思念妻子，会让妻子为此蹙眉吧！牛郎织女也相思，但是每年七夕之日还能相聚，而我和妻子何时才能相见啊。

虽然时光逝去，杨氏的名字已经无从得知，但她却永远留在了杜甫的诗句中，成为最为动人的一瞥。

杜甫深知妻子的不易，在经历过生活的洗礼后，杜甫越发感激杨氏的陪伴。

"采花香泛泛，坐客醉纷纷。野树歌还倚，秋砧醒却闻。"（《九日五首·其三》）杜甫与朋友饮酒唱歌，醉在花丛中，妻子却还在河中洗衣，砧石传来捶洗声，每一声都敲响在杜甫的心坎上。

提及妻子的诗，多是后期落魄逃亡时所作，从诗句中可以了解到杜甫一家过得十分艰辛。杨氏一生为杜甫生育八个子女，在颠沛流离的日子里，有的孩子被生生饿死，"入门闻号啕，幼子饥已卒"成为无法抹去的伤痛。全家有过饥肠辘辘、食不果腹的生活，也有过衣衫褴褛、满是补丁的落魄，还有相思不得见甚至不知对方生死的忧愁。

当然，他们也有过短暂的轻松时光，杜甫在得知成功收复洛阳、河北等地后，写下：

闻官军收河南河北

剑外忽传收蓟北，初闻涕泪满衣裳。

却看妻子愁何在，漫卷诗书喜欲狂。

白日放歌须纵酒，青春做伴好还乡。

即从巴峡穿巫峡，便下襄阳向洛阳。

得知可以很快返回洛阳，妻子一扫眉间的愁云，将书本收拾起来，开心至极。只可惜，那次他们并没有成功回到洛阳。

唐肃宗上元元年（760）夏，杜甫在朋友的资助下，在四川成都郊外的浣花溪畔盖了一间草堂，在饱经战乱之苦后，生活暂时得到了安宁，妻子儿女同聚一处，重新获得了天伦之乐。怀着怡然自得的心情，杜甫创作了《江村》：

清江一曲抱村流，长夏江村事事幽。

自去自来堂上燕，相亲相近水中鸥。

老妻画纸为棋局，稚子敲针作钓钩。

但有故人供禄米，微躯此外更何求。

杨氏在纸上画了棋盘，孩子将针敲弯做成鱼钩，家人在草堂各得其乐，杜甫也被这场景感染，心中别无他求，只希望生活如此继续下去就好。

与此同时的《进艇》中有：

南京久客耕南亩，北望伤神坐北窗。
昼引老妻乘小艇，晴看稚子浴清江。
俱飞蛱蝶元相逐，并蒂芙蓉本自双。
茗饮蔗浆携所有，瓷罂无谢玉为缸。

同样是记录了草堂生活的一个小细节，风和日丽的清晨，杜甫身着布衣，深情地带着妻子乘上小船，在浣花溪上游览，清澈的溪水在阳光的照射下闪着波光，孩子们在不远处无忧无虑地洗澡嬉戏。

妻子的一颦一笑，都成为杜甫生活的一部分，也成为杜甫诗歌的一部分，它们与岁月共同组成了诗人的生命。

杜甫与妻子的故事隐藏在了岁月里，没有过多地提及，生命是一次一次相遇，然后是一次一次别离，根据记载，杜甫去世后不久，杨氏也病逝在洛阳偃师陆浑庄，生命停止在四十九岁这一年。

携手共度三十年，杜甫与杨氏最终合葬在了一起，陪伴彼此的最爱，经历了人世间的悲欢离合，坚守着最初相伴一生的承诺。我们无法得知，在最困苦的时候，杨氏有没有后悔嫁给杜甫，也不知道她临终时，回顾一生是否留有遗憾，这一切都是泉下二人的耳畔私语，不足为外人道也。

杜甫墓志铭的最后一段文字中，简短写下杨氏与子女的内容，虽然文字不多，但也伴随杜甫的盛名流传百世。

> 夫人弘农杨氏女，父曰司农少卿怡，四十九年而终。嗣子曰宗武，病不克葬，殁，命其子嗣业。嗣业贫，无以给丧，收拾乞丐，焦劳昼夜，去子美殁后馀四十年，然后卒先人之志，亦足为难矣。

古代女子的一生，大多是依靠着丈夫生存，杜甫并没有过大富大贵，还经历了安史之乱的时代悲剧。长久的夫妻分居两地，她撑起了一片天，独自一人抚育儿女，可以想象到在当时那种情形下，饱腹都是一种奢望，而她没有选择向生活屈服，没有选择离开，而是坚守着两人的誓言。作为妻子、母亲，她没有辜负杜甫的专情，最终用生命诠释了"一生一世一双人"的真正含义。

时光的脚步从不停止，诗歌让千百年前的月光穿越到相思人的心里，我们感谢每一首诗的存在，是它们将爱与思念传承，是它们让情感成为不朽的传奇。

第三章

梦长安·李杜文章在，光焰万丈长

少年壮游识八方友

什么词才能贴切地形容朋友？朋友是烈日下的树荫，是远航船上的风帆，是午夜无眠时的醇酒，是爬山路上的歇石。陪伴与理解，是朋友不可取代的原因，他们能理解你的苦乐，也能分担你的忧愁。越是心思细腻的人，越是需要知己，因为在被自己编织的网困住时，朋友就是那吹进来的清风，替你扫清前方的障碍。

文人骚客最喜交友，"谈笑有鸿儒，往来无白丁"。只有精神上的契合，才能称得上是知音。可天下唯有知音最难觅，可遇不可求，所以，人生有三五知己便是幸事，要倍加珍惜。

提及杜甫，人们自然而然会想到另外一位大诗人的名字，他就是李白，他与杜甫并称"李杜"。杜甫与李白的相遇，是唐诗史上最为奇妙的一笔，"李杜文章在，光焰万丈长"，韩愈如此盛赞二人的文采，后人也常引用这句话评价李杜二人。

天宝三载（744），杜甫在洛阳结识了李白，从此开启了两人的友情之旅。

李白，字太白，号青莲居士，是唐朝诗人里最为出名的一位，被后人誉为"诗仙"。他性格狂放不羁，喜酒好诗。古代文人骚客大多喜好饮酒，杜甫结交的众多朋友里有许多"酒友"，李白、贺知章、李适之、李琎、崔宗之、苏晋、张旭、焦遂号称"酒中八仙人"，杜甫的《饮中八仙歌》中，对每个人寥寥几句的描写，将他们各有千秋的醉态展现得淋漓尽致。

知章骑马似乘船，眼花落井水底眠。

汝阳三斗始朝天，道逢麹车口流涎，
恨不移封向酒泉。

左相日兴费万钱，饮如长鲸吸百川，
衔杯乐圣称避贤。

宗之潇洒美少年，举觞白眼望青天，
皎如玉树临风前。

苏晋长斋绣佛前，醉中往往爱逃禅。

李白斗酒诗百篇，长安市上酒家眠。

天子呼来不上船，自称臣是酒中仙。

张旭三杯草圣传，脱帽露顶王公前，
挥毫落纸如云烟。

焦遂五斗方卓然，高谈雄辩惊四筵。

李白作诗风格与杜甫不同，他深受黄老列庄思想的影响，著有《李太白集》传世，现存的诗作超过千首，经典之作不胜枚举。

他有"仰天大笑出门去，我辈岂是蓬蒿人"的张狂，也有"十步杀一人，千里不留行"的侠义，还有"人生得意须尽欢，莫使金樽空对月。天生我材必有用，千金散尽还复来"的洒脱，更有"长风破浪会有时，直挂云帆济沧海"的胸怀。

李白有着鲜明的个人色彩，他是浪漫主义诗人，是继屈原以后中国文学史上的另一座浪漫主义高峰。李白在民间有着响当当的名号，玄宗都对他有所耳闻，十分欣赏这位享誉京城的大才子，寻了机会召他入宫，"以七宝床赐食于前，亲手调羹"，赐他琼浆玉露，赠他佳肴好菜。

李白素来狂放，在皇帝面前也没有收敛，好在皇帝看多了官员们低眉顺眼的样子，倒觉得李白这个异类很特别，玄宗问李白对当下时事的看法，李白对答如流，颇有见地，天宝元年（742），李白受召进京任"供奉翰林"一职。

这个职位并没有什么实权，主要就是陪伴在皇帝身边，写些诗文，一是为了记载，二是为了娱乐，玄宗郊游或者宴请时，都会叫李白陪同。

也是在天宝三载（744），李白遭到迫害，卸去翰林一职，离开长安。至于离开的原因，民间广为流传的是因为"力士脱靴"。

高力士是唐代著名的宦官，累官至骠骑大将军，位居一品，是武官的最高级。他曾助唐玄宗平定韦皇后和太平公主之乱，所以深受宠信。相传，一次，在宫廷宴会上李白喝得酩酊大醉，原本平日里狂放不羁的他，酒后更不把在场的官员们放在眼里，这时玄宗要他去为杨贵妃作诗，李白便要起身整理衣衫，但醉酒无力更换，便使唤高力士为他脱靴，引得高力士怀恨在心。

之后，高力士伺机在唐玄宗和杨贵妃面前多次诋毁李白，最终导致李白失宠，卸去翰林一职。

还有一种说法是因李白得罪了当年右相李林甫，所以才被"赐金放还"。事实如何，早已无从得知。无论怎样，机缘巧合下李白终究与杜甫相识。李白离开长安到达洛阳。

在给家人守制后，杜甫一段时间住在窑洞，一段时间住在洛阳。在经历了第一次科考失败后，他的仕途之路毫无进展，家人陆续离世，杜甫也不得不为自己的出路打算。他结交了一些官场上的朋友和有影响力的文人才子，与他们时常聚会。

官场上的钩心斗角、尔虞我诈让杜甫生厌，他不喜欢这种复杂的生活，也不适应这些投机的手段。"二年客东都，所历厌机巧"，是他在《赠李白》中对这两年洛阳生活的描述，机关算尽是杜甫唾弃的行为，他厌倦了这种生活。

生而为人，就要面对人世间繁杂的一切，即使心中十分厌烦，也要硬着头皮与之周旋。杜甫在洛阳努力适应着另一群人的世界，即使不能苟同，也不能拍案离席，起身而去。这就是成年人的悲哀，终于有了自己的判断，却再也不能由着心去"胡来"。

相识的这一年，李白四十四岁，已经是名扬天下的大诗人，杜甫三十三岁，风华正茂，才华超群，小有名气，彼此都对对方早有耳闻。坊间将李白入宫的故事疯传，有人说李白是个文人侠客，有人说他仙风道骨，还有人说他狂妄不羁。杜甫早就熟读过李白的很多名诗，此时一见真人，崇敬之情无以言表。

　　闻一多先生在《唐诗杂论》中用大段文字来形容李杜的相识："我们该当品三通画角，发三通擂鼓，然后提起笔来蘸饱了金墨，大书而特书。因为我们四千年的历史里，除了孔子见老子（假如他们是见过面的），没有比这两人的会面，更重大，更神圣，更可纪念的。我们再紧逼我们的想象，譬如说，青天里太阳和月亮走碰了头，那么，尘世上不知要焚起多少香案，不知有多少人要望天遥拜，说是皇天的祥瑞。如今，李白与杜甫——诗中的两曜，劈面走来了，我们看去，不比那天空的祥瑞一样的神奇，一样的有重大意义吗？"

　　与杜甫一样，李白也喜欢结交朋友，走到哪里都有熟人相待。来到洛阳之后，众多新朋故友前来相聚，日日饮酒高歌，好不畅快。达官贵人们仰慕李白的才情，纷纷邀请他赴宴，杜甫便是在这种情况下与李白第一次见面了。

　　在《寄李十二白二十韵》中，杜甫记录了与李白初遇时的情形。

　　　　乞归优诏许，遇我宿心亲。

未负幽栖志，兼全宠辱身。

剧谈怜野逸，嗜酒见天真。

醉舞梁园夜，行歌泗水春。

　　杜甫理解李白的洒脱不羁，李白欣赏杜甫的坦荡胸怀，两人一见如故，在梁园饮酒起舞，在春季的泗水边纵情高歌。

　　此时刚刚遭遇挫折的李白心情烦闷，与杜甫的相识，犹如给心灵注入了一股清流。

　　而对于杜甫来说，这些年来，见惯了达官贵人们的逢场作戏，听多了他们彼此的阿谀奉承，李白的出现，犹如黑夜中的明月，周遭不是只有黑暗。李白与他们不同，他"口无遮拦"，在人群中畅所欲言，与浮华、迂腐的风气截然不同。杜甫由衷敬佩这位大诗人，他活出了自我，活出了真性情。杜甫在了解李白的遭遇后，为之惋惜，陆续创作了一些诗歌，歌颂李白的才华、胸怀。

　　他们同行同止，同唱同和，同饮同酌，同醉同酣，给彼此留下了终生难忘的记忆。

　　李白有一大爱好，喜欢求仙学道。因唐朝皇帝姓李，一直以老子（李耳）的后裔自居，十分推崇道教，所以道教在唐朝得到前所未有的发展，求仙之事听起来颇有几分玄妙，在当时成为一种时尚，上自天子重臣，下至平头百姓，人人争相求仙学道。李白从小深受道家思想影响，一生都在寻仙的道路上，他十分虔诚，而且对此事十分笃定。

在李白还是少年的时候，就曾写下"十五游神仙，仙游未曾歇"。其实，李白求仙与仕途失败有关，卸去翰林后，他把求仙问道当作心灵寄托和自我安慰。他走访名川大山，不仅仅是为了欣赏壮丽的美景，同时也在寻觅神仙的踪影。

　　与杜甫相识之后，得知杜甫也是寄情山水之人，志同道合的两人随即相约，一起去漫游祖国大好河山，寻仙求道。杜甫此前对求仙之事并没什么热情，他从小饱受儒家思想熏陶，跟道家是两码事，但他被李白的热情所感染，随他一同寻仙去。从杜甫作品来看，他只在与李白相处的这段时间提及过寻仙修道的事，与他分开之后就没有再提起，可见他对求仙那么高的热情。

　　杜甫送给李白的《赠李白》中写有：

> 二年客东都，所历厌机巧。
> 野人对腥膻，蔬食常不饱。
> 岂无青精饭，使我颜色好。
> 苦乏大药资，山林迹如扫。
> 李侯金闺彦，脱身事幽讨。
> 亦有梁宋游，方期拾瑶草。

　　这是杜甫初识李白时所作，虽然是送给好友的诗，前八句却都是在写他自己的事情。杜甫讲述，在他旅居洛阳的这两年时间遇到了很多事，其中他最为憎恨的就是那些阴险狡诈之人。看着富贵人家每日锦衣玉食，自己却食不果腹。难道没有吃了会延年益寿的青梗饭，可以让他脸色好一些吗？这里太缺少炼金丹的药材，深山老林的药材已经一干二净，像用扫帚扫过一般。李侯（李白）你是金马门的贤德名士，如今离开朝廷，彻底获得自由，可以去山林深处寻幽探胜。恰巧我也有到梁宋游走一回的意愿，正好与您同行，希望此行能够采到仙境中的瑶草。

有来无往非礼也，杜甫写诗赠予李白，李白自然也要回赠。在《戏赠杜甫》里李白写道：

> 饭颗山头逢杜甫，顶戴笠子日卓午。
> 借问何来太瘦生，总为从前作诗苦。

李白与杜甫之间的交往是轻松的，说起话来也没有太多顾忌，畅所欲言的风格延续到了彼此的诗作中。

诗人之间的交流是如此的别具一格，脱口而出的赠诗，都是可以流传千古的佳作。李白回忆一次与杜甫见面的场景，在饭颗山上的杜甫头顶着一个竹笠，站在正午的阳光下。李白问他，许久未见，杜甫你怎么如此清瘦了？恐怕是这段时间里作诗太辛苦了吧！杜甫劝李白，李白也劝杜甫，诗歌不能当饭吃，不要只想着写诗，苦了自己。

如此俏皮的诗句，只能出现在李白的笔下，他将友情的尺度，糅到了诗句的韵味中，犹如一颗颗颜色艳丽的珠子，在灰色的岁月中留下亮眼的永恒。

同样厌倦朝堂生活，同样渴望投身于自然美景之中，李杜两人一拍即合。就在第二年的秋天，李白带着杜甫踏上了梁宋之旅。在这次旅途之中，又加入了另一位高人——就是那个"天下谁人不识君"的高适。

高适，字达夫，边塞诗人，他以文笔雄健、气势恢宏著称，作品饱含时代精神。高适与李白年龄相仿，他从小家境贫寒，曾想边疆从军报效国家，有感而发所作的边塞诗《燕歌行》使他扬名天下，成为可以媲美李白的当红诗人。

高适得知李白、杜甫相约访仙求道，欣然加入，三个人结伴而行，评古论今，以诗会友。三人皆才华横溢，又都怀才不遇，仕途坎坷，类似的遭遇让他们有了共同的话题，一首又一首经典作品在他们相遇的火花中诞生。

三人同游，泛舟蓬池、寻访夷门，又乘船顺汴水东下，直达宋州梁园。他们以梁园为中心，北到燕赵，南去淮泗，游览宋州风光，往来于齐鲁之间，天高海阔，肆意高歌。

在杜甫晚年创作的作品《遣怀》中，记录这段经历。

> 忆与高李辈，论交入酒垆。
> 两公壮藻思，得我色敷腴。
> 气酣登吹台，怀古视平芜。
> 芒砀云一去，雁鹜空相呼。

回忆起当年和李白、高适同游宋中一带，情绪高昂的时候就会登上吹台，遥望长满青草的平原，感怀汉高祖的故事。可叹的是，创作这首诗的时候，李白、高适都已经故去，回忆中满满都是伤感之情。

同游梁园之时，正值盛唐晚期，曾经的繁花似锦的盛世，已经慢慢走向凋零落败。这是时代的悲剧，随着各种矛盾日益突显，百姓的生活也受到影响，杜甫三人谈及时事，都预感盛世难以持久，所以作品中都流露出对当下的留恋。

一路慢行，三人寻找信陵君当年的遗迹。李白在《梁园吟》中感叹：

> 昔人豪贵信陵君，今人耕种信陵坟。
>
> 荒城虚照碧山月，古木尽入苍梧云。

看到眼前荒凉的场景，让人不禁想起当年信陵君是何等的富贵，而今墓地成为耕地，只留下几株老树，高耸孤立，一轮明月守着这片废墟。

游至阏伯台，高适写下：

> 阏伯去已久，高丘临道傍。
>
> 人皆有兄弟，尔独为参商。

沧海桑田，人的一生只是这浩瀚时空里一瞬，朝代更迭，繁荣与衰败的交替，都是历史车轮不停前进的作品，站在当下回首曾经，只有一声长叹以表心境。

就这样，三人一路走，一路写，追忆古人，慨叹当下。三个月过去了，梁园之行告一段落，三人挥手告别，各奔东西。故乡传来祖母故去的消息，杜甫需要回去处理家事。李白则在梁园住下，他在这里遇到了他后来的妻子——宗夫人，成就一段姻缘。

梁园此行，杜甫意犹未尽，好友相伴的时光是那样轻松和谐，李白、高适懂他的遭遇，欣赏他的才华，并且三人"实力相当"，诗词歌赋上你来我往，犹如高山流水遇知音，从心底里觉得畅快。

杜甫在处理完家事后，再次返回梁园，与还在那里的李白会合，开始了下一段行程。李杜二人从梁园走进东鲁，同游鲁郡。

寄情于诗

　　唐诗是汉语的精华，是浓缩的经典，是中华民族这株参天大树上的果实，它是情感宣泄的出口，也是记录生活的卷轴。有人说诗词玄妙，因为同样是汉字，诗人用得酣畅淋漓，犹如手中有把锋利的刻刀，将情绪雕刻得恰到好处。

　　这是文人的智慧，他们深谙文字的力量，将他们拧成一股看不见的韧绳，可以拎得起生命的重量。杜甫就是一名文字的工匠，诗句在他的笔下犹如弹跳的生灵，拥有了灵魂，拥有了生命。他饱蘸墨汁的笔尖，在纸上写下命运的态度，手持利刃对抗人世间的不公。

　　苦难是成长的必修课，逃不掉，也躲不开。杜甫在短短几年中成长起来，经历了几位至亲的故去，需要他面对的事情太多，需要他承担的责任太重。再次踏上兖州的土地，杜甫心中五味杂陈，上一次来到这里，登上兖州城楼，意气风发，豪言壮志。如今故地重游，物是而人非，似乎一切都变得陌生，父亲已经故去，留下满眼悲凉。

好在此行有李白相伴，让杜甫沉重的心情轻松了几分。二人同访鲁郡城北的范十隐士，此行两人分别作诗一首，记录这场欢乐的"盛宴"。隐士的生活并没有什么真正的"盛宴"款待，他们以天为被，以地为庐，吃着林子里的野果，品着自酿的清酒，野菜是席中的主角，诗歌是不可忽略的下酒菜。

李白诗作名为《寻鲁城北范居士失道落苍耳中见范置酒摘苍耳作》，杜甫诗作名为《与李十二白同寻范十隐居》，两人诗作相互呼应，生动鲜活，堪称佳作。

在《与李十二白同寻范十隐居》中，杜甫记录下与李白拜访友人的细节：

> 李侯有佳句，往往似阴铿。
>
> 余亦东蒙客，怜君如弟兄。
>
> 醉眠秋共被，携手日同行。
>
> 更想幽期处，还寻北郭生。
>
> 入门高兴发，侍立小童清。
>
> 落景闻寒杵，屯云对古城。
>
> 向来吟橘颂，谁欲讨莼羹。
>
> 不愿论簪笏，悠悠沧海情。

他先是称赞了李白的才华，钦佩他总能创作出来美妙的诗文，可媲美南朝人阴铿。杜甫觉得自己也算得上是一名隐士，而且对待李白像对待自己的亲兄弟一般。大醉之后两人可以同盖一床被子睡觉，白天则结伴携手共同游遍大江南北，拜访隐士故友。

夕阳西下，三人已经酒过三巡，皆有醉意，一起大声朗诵屈原的名作《橘颂》。三人都有共同的志向，想要成为《橘颂》中那般高洁伟大的人。安静地徜徉在友情的暖流中，不去思考科考功名的事，唯一想做的就是享受当下轻松美好的时光。

与李白相处的时光是轻松的，连诗句中都透露出活泼、灵动。每个人都渴望遇到知己，犹如亲人一般的情谊，却比亲人更懂自己。

游罢鲁郡，二人又去金陵和姑苏一带，一走就是一年多的时间，看过的风景变成笔下的文字，谈过的心情融进一碗碗的清酒，"人生得意须尽欢，莫使金樽空对月"。

一路走一路行，两人没有忘记最初的心愿，天宝三载（744）的冬天，李白同杜甫一起渡过黄河，决定去寻找传说中的华盖君。有传言，华盖君已近千岁，他的道观坐落在王屋山上，那里是人们心中学道求仙的圣地。

两人不辞辛苦来到山顶，却被告知华盖君已经故去，他的弟子也都离开，只有几个人还留在道观中。两人见此情形难掩失落，泪眼婆娑，徘徊在道观门口不愿离去。

华盖君的大弟子见此情形，被深深感动，特为李杜二人打开了华盖君曾经修炼丹药的静室，请二人进去一观，也算没枉费一路的舟车劳顿。只见，丹炉上落满了灰尘，曾经的炉火也被烧成冰冷的灰，一切都如两人当下的心情，失落、苍凉。这段小插曲，杜甫一直到晚年还记忆犹新，特写下《昔游》来回忆过往。

此次出行，杜甫结识了许多新朋友。天宝四载（745）夏天，杜甫到临邑（今山东省临邑县）看望他正在临邑主簿任上的弟弟杜颖。途经济南时，齐州司马李之芳盛情招待了杜甫，他与杜甫算是旧相识，十分欣赏杜甫的才华。北海太守李邕，是当时赫赫有名的文学家、书法家，少年成名，博学多才，善行书碑文。他对杜甫也早有耳闻，得知此次杜甫漫游齐鲁，便日夜兼程地赶到齐州，与之相聚。此时的李邕已年届七十，文名满天下，名气比杜甫大得多，而杜甫只不过是个三十出头的青年人，小有名气而已，却能受到李邕如此重视和提携，成为当地的美谈。

大明湖畔的历下亭经过一段时间修缮，焕发新的光彩，这是李之芳的功绩，他们在这新亭之下举行隆重的宴会。宴会上群英荟萃，除了李邕、杜甫和李之芳，还有齐州当地的知名人士。这场宴会李白没有参加，有人说李邕没有邀请李白，也有人说李白在紫极宫受道箓。

莲叶田田，烟波浩渺，一群诗人泛舟大明湖，自然少不了美酒与诗的作陪。

席间，李邕提到了杜甫的祖父杜审言，两人是旧时好友，他十分钦佩杜审言的才情，作了《和李大夫嗣真奉使存抚河东》一诗。这让杜甫十分感动，于是他随宴即兴创作了《陪李北海宴历下亭》予以报答。从此，诗中的"海右此亭古，济南名士多"被当成楹联，刻在历下亭南廊柱之上。

　　杜甫在他乡听闻有人对祖父有如此高的肯定与称赞，更勾起了他的思乡之情。回想二十岁出游至今，杜家经历了起起伏伏，如今日渐衰落，心底不禁泛起内疚，如果自己能够求得公职，也许杜家不会落魄至此，但事与愿违，如今的杜甫无功名在身，空有无处释放的一腔热忱。

　　杜甫自称"脱略小时辈，结交皆苍老"。李邕也算是杜甫的忘年之交，惜文爱才的他认定杜甫必定会成大器，事实证明，他确实慧眼识珠，历史将杜甫的才情沉淀，让他的作品在今时今日依然绽放光彩。

　　在与李白同行的日子里，两人清晨闻鸡起舞，傍晚对月弹琴，寻访山间的隐士，细听民间的趣闻，在这场说走就走的旅程中，慢慢感受生命真正的含义。

　　兜兜转转，再次回到梁园，人生前途漫漫，聚散总无期，终究还是到了各奔东西的这一天。此一别不知能否再见面，彼此心中充满了不舍。

　　《赠李白》是杜甫所作的一首七言绝句送别诗，送给即将分别的李白。

　　　　秋来相顾尚飘蓬，未就丹砂愧葛洪。
　　　　痛饮狂歌空度日，飞扬跋扈为谁雄。

　　杜甫与李白促膝谈心，在秋天离别时两相顾盼，如飞蓬一样到处飘荡，这个时候没有去求仙，有些愧对西晋炼丹的高人葛洪。每天痛快地饮酒放歌，日子就这样一天天逝去，消磨殆尽，像您这样豪迈奔放的人，如此逞雄究竟是为了谁。

杜甫规劝李白，如此每日狂饮放歌度日，不如去求仙问道来得潇洒。李白素来张狂，藐视权贵，纵有一身才情，却无法在官场之中长久谋生，即使心雄万丈，也难以真正称雄，就算笔下能有千军万马，也没有施展才华之地。

其实，杜甫在说李白，也在说自己，纵然一腔热血，始终没有机会施展拳脚，不能"致君尧舜上"，又不能如李白这般潇洒，彻底放下功名利禄，真正归隐山林，做个隐士。

杜甫也曾向往隐士生活，但先辈的遗训始终响彻耳畔，他不能就此放弃，不能让杜家的名声折损在自己的手中，他决定去长安求仕，渴望有机会能够在官场上施展才华，光宗耀祖。

这段旅程，犹如一场轻松美妙的梦，到了梦醒时分，又要振作精神，继续在现实中摸爬滚打地生活。

杜甫出发前往长安，李白则打算重游江东，继续漫游山水的自在生活。

李白曾经在梦里重走过无数次去往长安的路，每次醒来都从心底泛起一阵苦涩。他深知官场之路不好走，过去两年的翰林生活在浑浑噩噩中度过，他有心劝阻杜甫，却欲言又止，人生的路都是自己的选择，只有真正亲身体会过，才能知道其中滋味。杜甫还年轻，三十多岁的年纪，还有机会大展宏图。

在瑕丘城东的石门旁，李白设酒为杜甫送行，无限惆怅中，写下《鲁郡东石门送杜二甫》：

> 醉别复几日，登临遍池台。
> 何时石门路，重有金樽开。
> 秋波落泗水，海色明徂徕。
> 飞蓬各自远，且尽手中杯。

既然就要分别，不如痛痛快快大醉一场，想着这一路走来，走过许多亭台楼阁，登过许多险峻高峰，访过许多名胜古迹，每一处都留着难忘的回忆。不知何时才能再与好友重游故地，还能把酒言欢，不负人生好时光。如今的你我，就要如飞蓬一样，随风飘散，各自天涯，就让这杯中的酒为我们送行吧！

745—746年，三次相见，从此中国历史上最伟大的两位诗人结下了最深厚的友谊。

不知那个秋天的午后，他们是否约定了何时再见面，此一别，二人终究没能再见，这段经历成为杜甫不曾忘记的回忆，从此以后，杜甫还创作了许多与李白相关的诗，用自己特有的方式纪念这段友情岁月。

有些人，只出现在你生命中很短一段时间，陪伴你走过一段不太平坦的山路，和你一起赏过那一季的牡丹花，和你在湖面的小船上喝过温热的竹叶酒，之后，就再也没有出现过，这些人生的片段就是他送给你的礼物，值得一生珍藏。

杜甫的一生结交了许多好友，他们都曾陪伴彼此度过一段段时光，在物质贫瘠的岁月里，他们的灵魂饱满、富有，他们是彼此黑暗中的火把，是寒冷岁月中的火炉，是漂流时岸边的树枝，是灿烂如白昼的焰火。

势均力敌的朋友，相处下来会更有趣一些，你来我往的过招，让彼此的灵感始终保持敏感。后人习惯将李白和杜甫放在一起来聊，是因为他们这段有趣的相识经历，更是因为他们之间的互动犹如高手巅峰对决般的快感。

究竟是李白的诗更为优秀，还是杜甫的诗更触动人心，每个人的心中都有不同的答案，他们都是唐代诗人的骄傲，更是中华文明史上不能忽视的名字，犹如天上闪耀的双子星，在同一片天空上，都有属于自己夺目的光彩。

"李杜"成为他们的合称，他们以这种方式在历史长卷上留下两行同行的脚印，这段相遇让他们成为不能分开的两个名字。白居易曾评价："又诗之豪者，世称李杜之作。才矣奇矣，人不逮矣。"苏轼也曾说过："李太白、杜子美以英玮绝世之姿，凌跨百代，古今诗人尽废。然魏、晋以来，高风绝尘亦少衰矣。"

古有伯牙遇钟子期，高山流水觅知音，人生能有几回同？纵使相识满天下，知音同行有几人？"诗仙"与"诗圣"的相遇，是中国唐诗的一大幸事，也是彼此的一大幸事。

理想与现实主义的光芒

理想与现实，站在对立面的两个词，将人的一生都困在里面，不停地奔跑围绕着它们生存。志存高远，理想从来只负责美好的部分，现实则承担了苦涩和无奈。

多少人趾高气扬地迈出脚步，认定可以踏入希望之门，沐浴理想的光，最后被现实打败，落寞退场，低下头来。曾经的骄傲、腔调和执着，都被打落一地，成为凋零的花，不再拥有任何一个枝头。

在与李白分开不久后，朝廷下旨征召一名艺之士子，杜甫认为这是一个施展拳脚的好机会，不能错过。杜甫的理想仍在心中，从未散去，也没有犹豫，作为杜家后代，这是他的责任，义不容辞。

天宝五载（746），杜甫来到了长安，这里是政治的核心，也是最靠近权力的沼泽，多少人一腔热血地进来，最后灰头土脸地出去，有些人连命都留在这个地方。这里是天堂，也是深渊，但杜甫不能忘记自己曾经说过的话，也不敢忘记父亲的谆谆教诲，想要做到"致君尧舜上，再使风俗淳"，就一定要迈出这一步。

所有的犹豫都抛在脑后，所有的忌惮都留给昨天，他笃定自己的才华可以有一番作为。

此时的杜甫已经小有名气，与李白同游齐鲁大地的消息也传遍长安，几首出色的作品在坊间流传甚广。城内的几位好友，得知他前来长安，都说他做官指日可待。杜甫虽嘴上没说，心里却有几分得意，他觉得以自己的学识，考取功名应该不是难事。

走在长安的街道上，杜甫突然明白人们为何都向往这里，之前他去过许多地方，无论是婉约的江南，还是辽阔的齐鲁，都不及长安的繁华，这里有历史的厚重，也有当代的时尚。人人打扮得光鲜亮丽，走在整洁宽阔的街道上，杜甫觉得脚步也轻盈起来。

理想与现实之间的距离到底有多远，杜甫并不知道答案，他只须潜心备考，再结识一些当朝官员，剩下的就只能等待机会。

《今夕行》记录了杜甫在长安生活的一个小片段：

> 今夕何夕岁云徂，更长烛明不可孤。
> 咸阳客舍一事无，相与博塞为欢娱。
> 冯陵大叫呼五白，袒跣不肯成枭卢。
> 英雄有时亦如此，邂逅岂即非良图。
> 君莫笑，刘毅从来布衣愿，
> 家无儋石输百万。

字里行间，仍能感受到杜甫的壮志雄心，在长安的客栈里度过除夕夜，没有什么事情可做，就与朋友一起以博塞为乐，场面十分热闹，异乡的年夜并没有想象中的落寞。联想到东晋的大英雄刘毅，也是一个喜欢博塞的人，而且出手阔绰，赌资百万，后来在战场上立功成名。如今自比刘毅，希望有朝一日同他一样，在自己的"战场"上功成名就。

杜甫也许并不爱博塞，除了这首诗之外，他再也没有提及过这个话题，也许是除夕之夜格外孤独吧，喧嚣与团圆都与自己无关，功名与成就也似乎很遥远，好友家人也不在身边，博塞这项当时盛行的赌博游戏看来是最好的选择。

来长安应试，不也是人生的一场博塞吗？将希望寄托在一次科考上，希望以此改变家庭落败的局面，当一场赌局宣布开始，输赢就成为人生最重要的事。

唐玄宗为了缔造"贞观之治"一样的盛景，将"开元盛世"继续下去，所以需要有贤才辅佐。玄宗告知天下，只要精通一艺，就可到长安备选。

天下英才因此会聚长安，考试当天，杜甫胸有成竹地走进考场，希望从此打开新的天地，但等待他的是历史上最荒唐的科考结果，上千名应试的人才无一通过考试，成为当时令人唏嘘的事。

事情起因于当朝宰相李林甫，他是唐高祖李渊堂弟长平肃王李叔良曾孙，担任宰相十九年，是玄宗时期在位最长的宰相。此人独揽大权，闭塞言路，排斥贤才，因一己私利导致朝纲紊乱，还提出重用胡将，使得安禄山坐大，成为唐朝由盛转衰的重要因素之一。

李林甫担心选中的贤才会在对策时指出他的奸恶行径，便对唐玄宗说："这些来参加考试的士子，都是些卑贱愚蠢的人，选这样的人一定会胡言乱语，扰乱圣听。"如此荒唐的建议唐玄宗竟然选择相信，李林甫建议让郡县长官先对士子甄选，然后将通过甄选的人推荐上来，最终送到京师的士子被考诗、赋、论。结果没有一个人合格，李林甫便向玄宗道贺，称皇帝已经将全天下优秀的人才都召到了朝中，民间再也没有遗留的人才，这便是"野无遗贤"的典故的来历。

这是时代的悲剧，杜甫只是悲剧其中的一个小小的人物，当他得知满心期盼的考试是这种结果时，失望远超上一次科举落榜。

时间一天天过去，晚唐的政治局面越发紧张，杜甫守在长安城里，始终没有等到那个"机会"。理想虽然一直饱满，但现实总是有些残酷，杜甫家中没有经济收入，之前的家产已经消耗得七七八八，是金钱冷却了杜甫的热血，他不得不屈服在"五斗米"之下。

长安城内居住着许多达官贵族，他们继承着祖辈富足的家产，享受着丰富物质的生活。他们在府内招揽一些文人雅士和书工画师等创作一些作品以供玩赏和娱乐，这些被招揽入府的人称为"宾客"，杜甫也成为其中一员。

这些宾客可以获得一些经济上的报酬，还可以参加上层人士的宴会，结识一些新的朋友，酒过三巡之际，人们推杯换盏宛如至交。

在杜甫的《进三大礼赋表》中有"顷者卖药都市，寄食友朋"，有人理解为杜甫在闲下来的时间去山里采些草药，用来换些钱贴补生活。也有人理解为杜甫在引用东汉人士韩康"卖药洛阳市中口不二价"的典故，自述旅食京华之意，借此表达自己躬逢盛事而欲告别隐逸以谋求出仕的心愿。

无论是哪一种，杜甫的生活都到了捉襟见肘的程度，这与他预想的长安生活有很大的出入。

《示从孙济》中记录了当时杜甫生活的窘迫情形，当时杜甫的远方亲戚在长安郊区居住，为了吃顿饱饭，他便去亲戚家走动。但亲戚家境也不富裕，对他这个"不速之客"有些不满，"淘米少汲水，汲多井水浑。刈葵莫放手，放手伤葵根"。

无法想象，一位如此杰出的诗人竟然食不果腹。"但使残年饱吃饭，只愿无事常相见。"曾经的壮志豪情已经消逝，杜甫不禁犹豫，是否要继续等待入仕的机会。

天宝七载（748），三十七岁的杜甫依然在长安，他写下《奉寄河南韦尹丈人》《赠韦左丞丈济》等作品送给当时的尚书省左丞韦济，希望能借他的权力之便。韦济很早就欣赏杜甫的才华，曾特去首阳山拜访，未曾得见。到长安后，两人在同僚的宴会上见面，韦济大赞杜甫的诗。杜甫觉得韦济是伯乐，遂以诗言志，以获得他的推荐。

老骥思千里，饥鹰待一呼。
君能微感激，亦足慰榛芜。

杜甫将他视为知音，在诗中将自己的心意表明，面对腐朽的当朝政权，杜甫已经心灰意冷。

后来的《奉赠韦左丞丈二十二韵》中"残杯与冷炙，到处潜悲辛"，杜甫讲述自己心酸的长安生活，他心中的小火苗在狂风中摇曳着。"今欲东入海，即将西去秦。尚怜终南山，回首清渭滨"，杜甫想过放弃长安的一切，回到曾经自由轻松的生活，但又舍不下曾经的梦想，舍不下几年来付出的艰辛。

现实给生命撕开一个口子，那是成长的疼痛，杜甫正在经历一场洗礼，"天将降大任于斯人也，必将苦其心志，劳其筋骨，饿其体肤，空乏其身，行拂乱其所为，所以动心忍性，增益其所不能"。杜甫不知这是不是老天在历练自己，他确实过得十分辛苦，但他不知这辛苦来得值得不值得。

第四章

叹京华·忘形到尔汝，痛饮真吾师

醉时歌咏归去来

时间流转，回首时总爱感叹一句"弹指一挥间"。人说时间是最宝贵的财富，因为它逝去不可挽留，也没有办法重新拥有。所以要将时间用在值得的事情上，什么事情是值得的？每个人都有不同的答案。

自与李白分开后，杜甫在长安度过了五年，这五年他不但没有取得功名，反倒过得越发贫困潦倒，温饱都成了问题。杜甫守着信念活着，他并不知道未来在何方，但他知道不能放弃。

看了多少个日出日落，就收获多少失意落寞，每当夜幕降临，杜甫都会叹气。月光清凉，照在异乡的窗棂上，他也会"低头思故乡"，也会怀疑自己是否选择错了人生的路口。这五年时间，杜甫没有看到天子脚下的安宁和谐，倒是看到了专权统治下的腐朽，还有置百姓生死于不顾的麻木。

当朝君王唐玄宗不能算是个完全的昏君，他开创过盛世，有过耀眼的功绩。那时的他知人善任，赏罚分明，是个善于取舍的好君王，但他很快满足于现状，沉溺于享乐之中。曾经的励精图治早已抛诸脑后，甚至对即将到来的危机也毫无察觉，只沉醉在美人的温柔乡里。

此时的唐玄宗已经年过六十，十分迷恋道教，他说曾经听到神仙在空中交谈，还有人报告说看到了玄元皇帝，这些现象让他相信自己能够修炼成仙，获得永生。

加之周围有李林甫这样"口有蜜，腹有剑"的奸臣，凡是玄宗欣赏的，或者官位快要超过他的官员，李林甫一定会想尽办法铲除，他靠卑劣的手段取得唐玄宗的信任，获得了一人之下、万人之上的权力。

张九龄、严挺之、贺知章等有学识的人，都受到李林甫的排挤和迫害，还有杜甫的忘年交——李邕，被李林甫的打手杀害，左丞相李适之被贬为宜春太守，不久后也被迫自杀……

这样的惨剧接连不断地发生，整个长安都笼罩在乌云之下，"普天之下，莫非王土"，如今的李林甫权势遮天，哪有可以幸免的地方！

越是压抑，越怀念和李白度过的轻松时光，更加思念李白。杜甫想，此时的李白应该如飞鸟一般，翱翔在青山碧水之间。于是又陆续创作了《冬日有怀李白》《春日忆李白》《送孔巢父谢病归游江东，兼呈李白》等写给李白的诗，将思念之情、羡慕之意都写在字里行间。

春日忆李白

白也诗无敌，飘然思不群。

清新庾开府，俊逸鲍参军。

渭北春天树，江东日暮云。

何时一尊酒，重与细论文。

　　杜甫对李白的思念从未停止，他在渭北凝望着春天的树，李白在江东遥望着日暮薄云，不知何时才能相见，坐下来再倒一杯熟悉的酒，如曾经那样一起讨论诗文，畅谈人生。

　　怀念李白，也是在怀念曾经的自己，曾经拥有的生活已经那么遥远，远到记忆中的细节都有些模糊。苦苦坚持五年，他开始羡慕李白选择的生活，远离了政权纷争，逃离了危险重重的沼泽泥坑。

　　寂寞长安路，除了等待，没有什么可以做的，在这动荡不安的长安城，犹如风雨飘摇中的秋叶，他靠着信念坚持着，苟延残喘地生活着，等待着。

　　春去秋来，年过四十的杜甫终于等到了一个机会，天宝九载（750）十月，玄宗巡幸华清宫，太白山人王玄翼上书说他见到了玄元皇帝，并说保仙洞里有庙宝真符。朝中臣子纷纷附和，说天下到处都出现了祥瑞之兆，李林甫还在家里设堂祷告，说是为了求皇帝长生不老。

　　玄宗十分欣喜，认定是祖宗显灵。为了感谢先辈的庇佑，要在天宝十载（751）正月初八到初十举行祭祀玄元皇帝、太庙和天地的活动，杜甫以此为契机，在祭祀典礼结束后不久，创作了三篇《大礼赋》，记颂祭祀活动。这三篇《大礼赋》分别是《朝献太清宫赋》《朝享太庙赋》《有事於南郊赋》。

杜甫在文章中表达了他激动的心情，当他看到玄宗皇帝举行祭祀仪式，认为沉睡的玄宗已经觉醒，要重振雄风，重拾励精图治的信念，再创盛世。希望玄宗通过此次祭祀活动，反省自己，重新掌握政权，治理国家。

为了推荐自己，杜甫还为这三篇文章写了个《进三大礼赋表》，言辞恳切，句句赤诚。他简明地介绍了自己的经历，过去的几年虽然浪迹四方，但却没有愤世嫉俗，虽然没有得到任何功名，但是也没有以贤才自居，多年来靠自己的劳动养活自己，并没投机取巧地生活。

几篇文章可谓是杜甫呕心之作，字字斟酌，句句揣摩，堪称精彩。功夫不负有心人，这几篇文章从民间众多的献赋文章中脱颖而出，得到唐玄宗女婿张垍的推荐，最终得到了唐玄宗的赏识。杜甫被安排到集贤院，等待当朝宰相的考察。

杜甫终于有机会靠近权力的中心，他不由得轻松了几分，过去的几年，心情压抑、郁郁不得志的他一度怀疑自己是否真的没有能力。如今终于扬眉吐气，站在了舞台的中间，成为人们目光的焦点。

前有李白，后有杜甫，一时间，他的名字迅速传遍京城，成为炙手可热的人物。

杜甫并不是幸运，而是有备而来。杜甫仿佛看到前方的曙光在向他招手，连吹过脸庞的风都温柔了起来。

他在《奉留赠集贤院崔、于二学士》中写道："昭代将垂白，途穷乃叫阍。气冲星象表，词感帝王尊。"他的文章气吞山河，感动帝王，可见杜甫当时是十分自豪的。

后期的作品《莫相疑行》中也有对这段经历的描述："忆献三赋蓬莱宫，自怪一日声辉赫。集贤学士如堵墙，观我落笔中书堂。"

回忆起当年献三大礼赋给皇帝，被皇帝赏识，连自己都觉得惊奇，竟在一日之间名声显赫。过来围观的集贤殿上的学士们，密集得犹如一面墙，争相观看杜甫在中书堂下笔应试文章。

也许是上天的安排，杜甫终究逃不过坎坷的命运，这一次他又遇到了李林甫。曾经"野无遗贤"的闹剧再次上演，杜甫再一次没有得到重用，只是获得"参列选序"的资格而已。所谓"参列选序"，就是登录在册，等到朝廷缺少官员的时候在其中选拔。

又一轮没有休止的等待，犹如掉进一个深不见底的洞，不停地下落，眼前一片黑暗，只有无边的孤寂陪伴。

杜甫等了一年，毫无进展，他再次陷入绝望，仕途之路远比预想的要艰难。

虽然献赋没有起什么实质性的作用，却成了杜甫人生中最为闪耀的时刻，他抓住了机会，在玄宗皇帝面前展示了自己的能力，也让天下人知道他的存在，使他成就感满满。接二连三的打击，快要将他意志消磨殆尽，短暂的成功仿佛一针强心剂，让他在灰色的岁月里，恢复一些光彩。既然入仕依然很渺茫，那就继承祖父的"衣钵"，在诗词歌赋上努力创作，也算不负时光。

休憩了一段时间，杜甫重新振作精神，再战长安。他又陆续献赋两篇，分别是《封西岳赋》和《鹏赋》，感古而论今，希望皇帝能够看清当前的局势，不要继续沉迷于现状。同时将自己为国尽忠的决心表明，努力自荐，渴望仕进。

与此同时，他还将"干谒"进行到底。所谓"干谒"，就是有所于求而请见，这是古代文人寻求入仕的门径，向当朝达官贵人或者有名望者呈送书信、献诗作赋，以求援引。干谒之风盛行于盛唐，这种形式催生了大量的文学作品和诗歌，杜甫在长安生活的几年，创作了大量的干谒诗。

初到长安时，杜甫的干谒诗只投给他所钦佩的人，几经失败后，他有些"病急乱投医"，开始献诗给各路官员，诗中大多都是歌颂他们的"功绩"，陈述自己的凄苦，最后渴望他们的援助。此时的杜甫难掩迫切之情，因为他的生活已经窘迫到了极点。

在《病后遇过王倚饮赠歌》中，我们可以得知杜甫究竟过着怎样凄惨的生活，"酷见冻馁不足耻，多病沈年苦无健。王生怪我颜色恶，答云伏枕艰难遍，疟疠三秋孰可忍，寒热百日相交战。头白眼暗坐有胝，肉黄皮皱命如线。惟生哀我未平复，为我力致美肴膳"。

挨饿受冻的杜甫不认为贫困是一件羞耻的事，偏偏身染疾病几年都没有好转，令人头疼。王先生看到杜甫脸色难看，关心他身体是否健康，杜甫回答说常年卧病在床，受尽了艰难。疟疾病了整整一个秋天，这种痛苦谁能受得住？身上忽冷忽热犹如打仗一样，头发白了，眼睛也看不清，屁股都坐出了老茧，面黄肌瘦，皮肤都起了褶皱，生命仿佛丝线一样细微脆弱，只有王先生同情杜甫，为他准备了美味的饭菜。

几年时间在昏昏沉沉中度过，时至今日依然一事无成。曾经的豪言壮志，如今所剩无几，只留下摇晃的油灯在夜里陪伴着他。

"长安苦寒谁独悲？杜陵野老骨欲折。"杜甫写诗《投简成华两县诸子》向自己的朋友诉苦，长安的生活太难了，他只能独自承受，一把老骨头都要断了。挨饿抱病成为常态，他用调侃的语气说："饥卧动即向一旬，敝裘何啻联百结。"饿了就睡觉，衣服破了就干脆这么穿着，不去补它。

如此窘迫的条件下，杜甫的诗句中还透着傲然之气，就如他所说，贫穷并不是件丢人的事，志气仍在，豪情不减。

虽有好友偶尔帮衬，可整体情况一直没有太大转变。杜甫过着和普通百姓一样的生活，身处于社会的最底层，他看到了生活最真实的一面，也看到了人性的真面目。人们在为生存苦苦挣扎，在为温饱去拼死拼活。

到底是谁导致了现在的一切？又是谁的过错？杜甫不

停地思考。

回想开元盛世时人们安居乐业的情景，与现在真是天壤之别。这是苦难带来的思考，三十岁之前的杜甫，虽然没有大富大贵，却衣食无忧，笔下只有壮丽的风景、爱国的情怀。如今的他，有了一双看透世间苦难的双眼，因为此刻，他身在炼狱之中。

一成不变的枯燥生活终于迎来了改变，杜甫的好友郑虔、岑参、高适等人都陆续来到了长安。

杜甫有许多忘年交，郑虔对于杜甫来说亦师亦友，他比杜甫大很多，可以算得上是长辈，杜甫很欣赏郑虔身上正直的文人气质，他擅长写诗和作画，还精通书法。少年时代的郑虔学习刻苦异常，因为家贫，却连纸也买不起，正好他所栖身的慈恩寺里柿叶特别多，于是他以叶当纸，练习字画。功夫不负有心人，郑虔在柿叶之中，也找到了感觉，最终草书"如疾风送云，收霞推月"，成为一代书法大家。

郑虔的诗、书、画被玄宗评为"三绝"。当时，因有人检举郑虔"私撰国史"，于是他被贬逐出京，远谪十年。回到长安后，任广文馆博士，人们称他为广文先生。他性狂放绝俗，喜好喝酒，自恃才学，却郁郁不得志，半生多是不如意，与杜甫有着相似的经历，两人惺惺相惜。杜甫曾为广文先生写下《醉时歌》，讲述自己和郑虔的不幸遭遇，诗文中满满都是自嘲，还有与朋友肝胆相照的情谊。

日籴太仓五升米，时赴郑老同襟期。

得钱即相觅，沽酒不复疑。

忘形到尔汝，痛饮真吾师。

　　他们经常小聚，苦中作乐，杜甫每天在官仓领五升米，
然后就去找郑虔，他们志同道合，有一样的胸襟。如果偶
尔有了钱，那就买些好酒，痛痛快快地喝上一番，酣畅淋
漓。虽然眼前的生活不如意，但两人豪情不减。

　　三十而立，杜甫选择了一条不好走的路，最好的年纪，
却困在长安这个无形的围城之中。几年间，见识了官场最
丑恶的样子，也经历了最艰苦的生活，他在不停地蜕变，
脱掉稚气与轻狂，沉淀大爱与能量。

　　一张纸，一端砚，饥肠辘辘的诗人，在烛灯下书写生
命的旋律。手中的笔越来越沉重，因为它将书写民族的沧
桑。

辛辣讽刺丽人行

　　诗人，是一个时代的记录者，用精妙的汉字，定格当时的画面。诗人，也是历史的灵魂画师，用看不见的画笔，勾勒出浮华生活之下的真实面目。

　　繁华落尽，曾经的喧闹和荒唐都已经谢幕，留下的只有冰冷的石碑、苍凉的王墓。但诗歌是有温度的，它拥有诗人的灵魂，拥有诗人的情怀，所以它是灵动的，无论在什么年代翻阅它、诵读它，都会成为历史的参与者，这就是文学的力量。

　　杜甫拥有这种力量，"杜家诗冠古"是祖宗赏的天赋，现实生活也是他的课堂，将他打磨成一杆顶天立地的笔，写尽人间沧桑事。

　　百姓生活不易，国家也面临着生死考验。据《资治通鉴》载：天宝十载（751），剑南节度使鲜于仲通率兵八万进攻云南大理南诏，军大败，死六万人。只有鲜于仲通一人活了下来，战况十分惨烈。

　　如此重要的战事，杨国忠却向唐玄宗谎报军情，隐瞒了战败的真相。皇帝被蒙在鼓里，并不知道在前线浴血奋战的将士们的惨状。

杨国忠是杨贵妃的族兄，早年落魄，贪财好赌。在杨玉环得宠之后飞黄腾达，平步青云，升至宰相，封卫国公，身兼四十余职。他专权独霸，败坏朝纲，与安禄山的矛盾最终导致了安史之乱。

"一骑红尘妃子笑，无人知是荔枝来"，唐玄宗对杨玉环的宠爱几乎是没有底线的，长安城没有美人爱吃的荔枝，于是便派人从几千里外的岭南地区快马送到宫中，为了保存荔枝的新鲜度，一路上不知道累死了多少匹驿马，劳民伤财只为博得美人一笑。

一人得道，鸡犬升天，正是因为这种无节制的宠爱，杨家也随之飞黄腾达起来。得到皇上的宠爱相当于"护身符"在身，杨玉环三个国色天香的姐姐，也应召入宫，封为韩国夫人、虢国夫人、秦国夫人，兄长也都得了赏赐、封了官职，杨国忠是其中受益最大的人。

从官之后，杨国忠开始竭力讨好李林甫，为了顺利高升，李林甫看在他是皇亲国戚的分上，也愿意与之为伍，两人一唱一和，做了很多见不得光的事。李林甫曾经陷害太子李亨，杨国忠就充当他的党羽，积极参与其中。因为杨玉环圣宠在身，杨国忠越发张狂、肆无忌惮，株连太子党羽数百家，与太子结怨很深。

唐玄宗为了牵制李林甫的专权，对于杨国忠的所作所为也睁一只眼闭一只眼。天宝十一载（752）十一月，李林甫死后，杨国忠担任右相，兼文部尚书。

就在李林甫死后不久，杨国忠就变了口风。他上奏称李林甫与藩将阿布思勾结，图谋叛变，玄宗一气之下褫夺官爵，还命人开棺挖出他口含的宝珠，扒了他的官服，换了一口薄木棺按照庶人之礼重新埋葬，也算是恶有恶报。

李林甫的死不禁让杜甫暗暗松了一口气，没了这个大奸臣，也许入仕就有了希望。

可悲的是，走了李林甫，还有杨国忠。为了笼络人心、壮大自己在朝中的势力，杨国忠让文部选官不以贤愚而是以资历长短为标准，他一人垄断选官的大权，致使选拔上来的官员素质大幅度下降。

隐瞒战败之后，杨国忠在长安、洛阳等地继续征兵，打算再次攻打南诏。民间传闻，当时，云南当地有流行的瘴疠（指恶性疟疾等病），人去了很容易染病致死，所以百姓都避之不及，不愿充军。杨国忠眼看征兵计划难以实施，就派手下强制去抓人。

在凶暴官吏的叫骂押送下，被征之人即将奔赴几千里之外的西南前线。来送别的亲人们哭声震天，他们明白，能侥幸生还者将寥寥无几，大多数的人即将战死疆场，埋骨异乡。

看见此情此景，杜甫难以抑制心中的悲痛和愤怒，写下这首《兵车行》：

车辚辚，马萧萧，行人弓箭各在腰。

爷娘妻子走相送，尘埃不见咸阳桥。

牵衣顿足拦道哭，哭声直上干云霄。

道旁过者问行人，行人但云点行频。

或从十五北防河，便至四十西营田。

去时里正与裹头，归来头白还戍边。

边庭流血成海水，武皇开边意未已。

君不闻汉家山东二百州，千村万落生荆杞。

纵有健妇把锄犁，禾生陇亩无东西。

况复秦兵耐苦战，被驱不异犬与鸡。

长者虽有问，役夫敢申恨？

且如今年冬，未休关西卒。

县官急索租，租税从何出？

信知生男恶，反是生女好。

生女犹得嫁比邻，生男埋没随百草。

君不见，青海头，古来白骨无人收。

新鬼烦冤旧鬼哭，天阴雨湿声啾啾！

兵车隆隆，战马嘶鸣，在这个寒冬时节，这些被强征出发的万千兵丁换上了戎装，佩上了弓箭。来送行的父母妻儿站在那里，灰尘弥漫的天空，看不见那巍峨的咸阳桥。亲人依依不舍拉着衣角，顿足而哭，那悲伤的哭声直冲九天云霄。

过路的人询问为何会如此伤心，原来是官府频繁征兵的原因。有的人十五岁就到北方去驻守，四十岁又被派到河西营田。去的时候还是少年缠头巾，归来时头发花白却又要去戍边守边疆。

边疆战士的血已经流淌成河，可皇上扩张领土的心还没有停止。阁下没听说华山东边二百里，千村万寨都已经野草丛生，田地荒芜？即使是有身体健壮的妇人来耕种，田里的庄稼也东倒西歪，没有什么收成。即使关中的士兵能吃苦耐战，被人驱遣又与鸡狗有什么两样。

虽然有长者关心询问情况，但是被征的人怎么敢诉苦抱怨，今年冬天关西兵还在打仗，没有休止。县官催租催得紧，但是租税从哪里出？百姓们都说生女儿比生儿子好，生个女儿还能嫁到附近的地方，生个儿子只能白白送死，掩埋在荒郊野草中。

阁下一定没看见，在那青海的边上，白骨遍野自古都是没人收。新鬼喊冤，旧鬼痛苦，阴雨天时，凄惨哀号声传得好远。

杜甫将百姓经历的苦难都看在眼里，他身无官职，手无利器，纵使心中充满了愤怒，也只能化作笔下的呐喊，也是从这时开始，杜甫的思想和作品风格都进入了新的阶段，更为成熟，更为深刻。杜甫继续采用新题乐府的方式创作了许多作品，推陈出新，成为杜甫独具一格的创作方式，引后来者纷纷效仿。

强行征兵越演越烈，前方战事吃紧，死伤无数，后方百姓的日子也过得艰难，此时的长安"病入膏肓"。

战争究竟为了什么？权贵君王喜战争，是为了扩张、掠夺，他们不会为百姓和士兵考虑，只为了寻求权力带来的快感，他们脚踏着无数的生命前行。杜甫对这种无休止的战争感到不满，但他没有能力去改变，只能将想法写到诗里去抗争，以沉郁写其哀怨，讽刺荒唐的政事和无意义的战争。

这也是杜甫的冒险。自古侠士都爱替天行道，路见不平拔刀相助，可诗人手中没有刀，心中的侠义只能变成笔下的文字。人说李白身上有大侠之风，杜甫何尝没有？此时的杜甫，笔下是仁爱，是关怀，是大义，是国家和民族的脊梁。

与诗相伴的日子，杜甫并不会孤单害怕。与好友相伴的日子，也可以让他短暂忘记仕途失败，而且朋友们时常救济他一下，至少让他能够吃一顿饱饭。

相比杜甫，岑参和高适的生活要好过得多，他们时常帮衬一下杜甫的日常生活，后来为他在长安的南郊少陵原上建了个房子，让他的漂泊生活得以结束。杜甫也得以将家人接来，过上了团聚的日子。

天宝十一载（752），杜甫与高适、薛据、岑参、储光羲一起登上了慈恩寺塔，此塔又名大雁塔，是唐长安城里最著名、最宏伟的佛寺。唐玄奘曾在这里主持寺务，领管佛经译场，创立佛教宗派。登上大雁塔，每人即兴赋诗一首，杜甫《同诸公登慈恩寺塔》是同题诸诗中最为精彩的一篇，堪称压卷之作。

高标跨苍天，烈风无时休。

自非旷士怀，登兹翻百忧。

方知象教力，足可追冥搜。

仰穿龙蛇窟，始出枝撑幽。

七星在北户，河汉声西流。

羲和鞭白日，少昊行清秋。

秦山忽破碎，泾渭不可求。

俯视但一气，焉能辨皇州。

回首叫虞舜，苍梧云正愁。

惜哉瑶池饮，日晏昆仑丘。

黄鹄去不息，哀鸣何所投。

君看随阳雁，各有稻粱谋。

"高标跨苍天，烈风无时休。自非旷士怀，登兹翻百忧。"登上这高出穹庐的慈恩寺塔，大风呼啸凛冽，仿佛没有停止的时候。如果没有宽广的胸怀，登上此塔反而会触景生情，平添更多忧愁。杜甫是有很多烦恼的，即使登上这壮丽的高塔，也无法吹散他的思绪。

"回首叫虞舜，苍梧云正愁。惜哉瑶池饮，日晏昆仑丘。黄鹄去不息，哀鸣何所投。君看随阳雁，各有稻粱谋。"杜甫无法直议当朝君王，便借古论今，回过头呼唤虞舜大帝，却看见一片愁云从它休息的苍梧之地升起。多么让人惋惜，当年穆王和王母在昆仑池饮酒作乐，竟然喝到夜幕降临，黄鹄鸟哀号着飞走，不知该去往何方，就像随着太阳迁徙的大雁，只为自己打算和谋生。

瑶池饮酒的不单是穆王和王母，还有唐玄宗和宠妃杨玉环，他们沉迷于享乐，醉生梦死，连王朝的没落都看不见，朝廷中的贤才被杨国忠排挤，纷纷离开，留下的都是为自己打算的小人，只懂得趋炎附势，攀附权贵，怎叫人不哀愁啊！

不能直议，杜甫便隐喻抒怀，愤怒在心中不吐不快，在好友面前，杜甫不必再保持干谒的低姿态，他可以稍微勇敢地做自己想做的事，说自己想说的话，不再只是歌颂那些高官亦真亦假的功绩。

出游登塔的时光是轻松的，杜甫十分珍惜在少陵的经历，所以后来他也自称"少陵野老""少陵布衣"。

天宝十三载（754），这一年的秋天连着下了六十余天的雨，水灾导致房屋毁坏，粮食不足，民不聊生，杨国忠却拿了一株长得好的禾苗告诉唐玄宗："雨虽多，不害稼也。"轻描淡写地隐瞒灾情，就这样置百姓生死于不顾，唐玄宗对杨国忠的话深信不疑，不加考证。

此时的杜甫在自家小院种了些农作物，因为雨水过多的原因，大部分植物都烂掉了，只有台阶下的决明子依然鲜艳。杜甫把家门反锁上，似乎能将烦恼也锁在门外，孩子们无忧无虑地在风雨中玩耍，杜甫独坐屋内，听着缠绵的雨声，心中的忧虑久久不能散去，他在为百姓的生存担忧，因为他们已经无奈地拿着家中棉被去换粮食吃了。

"雨声飕飕催早寒，胡雁翅湿高飞难。"诗中那只翅膀被雨水打湿的胡雁，怎么还有力气去展翅高飞！一声声叹息随着秋风飘散，杜甫觉得眼角也被这秋雨打湿，眼前的世界变得朦胧，远处像是出现了父亲模糊的背影，渐渐消失在雨雾之中。

家人团聚的时光很短暂，因为一直没有经济来源，生活一直很窘迫，又赶上天灾，温饱都成了问题，他只好将妻子和孩子送往奉先（今陕西蒲城）的亲戚家。

十年长安叹白头

　　杜甫在长安经历了从"而立之年"到"不惑之年"的过程，四十岁的孔子曰："甚矣吾衰也！久矣吾不复梦见周公。"过了四十岁，人似乎衰老得特别快，但也终于到了"不惑"的时候。所谓"不惑"，就是人经历得多了，有了自己的判断力，不再为事物外在所迷惑。

　　"不惑"的杜甫，已经看透了仕途朝堂的肮脏事，却又不能彻底放弃肩负杜家的责任，杜甫有了新的困惑。

　　回到长安，杜甫重新回到了清冷孤独的日子，对着摇曳的烛光，杜甫又开始思考未来。这一年，杨国忠推荐韦见素接任丞相一职。韦、杜两家是世交，杜甫得知这个消息后，写下《上韦左相二十韵》，希望得到韦见素的引荐。不知是不是这首诗发挥了作用，就在他最茫然的时候，一纸任命从天而降，杜甫被派去河西县担任县尉。

　　县尉是个小官，从九品，主管一县治安，是县令的僚属，地位不高。也正是因为县尉地位的卑俗，很多担任了这个职位的人都有些抑郁和低落，其中有些人干脆就辞职不做，另寻出路。苦苦支撑这么多年的杜甫，如今仅仅等来了一个县尉的任命，于是，他十分坚定地拒绝了。

在《官定后戏赠》中，杜甫曾言：

> 不作河西尉，凄凉为折腰。
> 老夫怕趋走，率府且逍遥。
> 耽酒须微禄，狂歌托圣朝。
> 故山归兴尽，回首向风飙。

他不去做河西县尉的原因，就是不愿意过卑躬屈膝、逢迎谄媚的生活，一边要鱼肉百姓，一边还要讨好官员，不如不去做这个官，落得个清闲自在吧。

杜甫拒绝这个官职，还因为他的好友高适曾被任命为封丘县尉，当时高适已经年近五十，因人推荐得此官，他切身感受到做县尉的无奈，还创作了《封丘作》，表达自己心中压抑的情绪，"只言小邑无所为，公门百事皆有期。拜迎长官心欲碎，鞭挞黎庶令人悲"。最终高适放弃了这个官职，另谋他路，杜甫吸取好友的前车之鉴，也拒绝了这个职位。

这纸任命成为长安生涯的一个小插曲，很快就被遗忘。杜甫依然过着艰难的日子，看着周围百姓生活在水深火热之中，又看到达官贵人们生活荒淫腐朽至极，这种天壤之别让杜甫气愤难平。

天宝十二载（753），杜甫目睹了唐玄宗带着杨玉环、杨国忠兄妹曲江春游的奢华场面，写下了这首《丽人行》。

三月三日天气新，长安水边多丽人。

态浓意远淑且真，肌理细腻骨肉匀。

绣罗衣裳照暮春，蹙金孔雀银麒麟。

头上何所有？翠微盍叶垂鬓唇。

背后何所见？珠压腰衱稳称身。

就中云幕椒房亲，赐名大国虢与秦。

紫驼之峰出翠釜，水精之盘行素鳞。

犀箸厌饫久未下，鸾刀缕切空纷纶。

黄门飞鞚不动尘，御厨络绎送八珍。

箫鼓哀吟感鬼神，宾从杂遝实要津。

后来鞍马何逡巡，当轩下马入锦茵。

杨花雪落覆白苹，青鸟飞去衔红巾。

炙手可热势绝伦，慎莫近前丞相嗔！

　　三月三日阳春正好，长安曲江河畔聚集了好多美人。她们神情高远，文静自然，皮肤细腻，身材匀称。绫罗绸缎做的衣裙映衬着暮春景色，上面有金丝绣的孔雀，还有银丝绣的麒麟。头上戴着翡翠做的花，背影能看到珠宝镶嵌的衣裙，穿在她们身上多么合身。

　　相传，皇家宴会上的一盘菜，就相当于十户普通百姓的产业。宫人端上来的都是奢华佳肴，老百姓见都没见过的东西，但是宴席上的美人都不动筷子，让厨师们白白忙活一场，厨房还在不停上菜，伺候着这些衣着华丽的达官贵人们。

这些小细节都展现了圣宠下的杨家气焰有多嚣张，权势有多强大，普通百姓可一定不要靠近他们，否则就会惹到当朝宰相杨国忠，招来杀身之祸。

杜甫用细腻的文字控诉着杨家兄妹的气焰，控诉着统治者的昏庸。外戚擅权，让朝廷变成了杨家的工具，杨国忠权倾朝野，独自享受，平民百姓被当作蝼蚁，肆意践踏。

唐朝衰败，与杨氏兄妹脱不开干系，杨国忠欺上瞒下，结党营私，导致朝廷一片混乱，入不敷出，国力大减。几场大的战争都失败了，人员和财力损失惨重。玄宗端坐朝堂，对这些事却一无所知，他不知道这个国家正在经历怎样的暴风雨。

曾经安稳的边境也开始蠢蠢欲动，一场浩劫即将来临，唐玄宗还沉醉在温柔乡里不肯清醒，远离朝堂的杜甫已经看到了这座城池正在腐朽，随时会坍塌，他已经预感到灾难即将到来。

日复一日，年复一年，杜甫在等待中度过了整整十年的时间，他见证了盛世的凋零，也经历了饥寒交迫的现实，在拒绝县尉一职后，杜甫终于谋得了一个小官职——兵曹参军，从八品，比县尉好一些，主要管理军用仓库的钥匙。

本想文能提笔定江山，如今只能拿着钥匙给人开门关门，杜甫心中是有落差的，但现实不容他再去纠结，家中妻儿已无经济来源，这个职位好歹有些俸禄可以保证温饱，就这样杜甫成为一名八品参军，这一年已经是天宝十四载（755）。

上任一个月后，杜甫得了假期，去奉先探亲。手中有些小小的积蓄，想着可以带回去给妻儿，但等待他的却是一个沉痛的打击——最小的儿子被饿死了，多么痛心的一幕，真是人生一大悲剧。妻子脸上满是泪，其他的孩子也扑在母亲的身上痛哭，刚刚得了官职的杜甫本想改善家里的境遇，没想到幼子却没等到这一天。

就在回奉先的路上，杜甫路过骊山行宫，遇到在那里寻欢作乐的玄宗一行人。他们歌舞升平，通宵达旦，欢愉声传得好远。

再看此刻满眼泪水的妻子、面黄肌瘦的儿女，杜甫心如刀割，再也忍不住心中的苦楚，对天哀号。

草草安葬了幼子，杜甫满腹忧愤无处诉说，于是，《自京赴奉先咏怀五百字》一气呵成，这是中国诗歌史上的丰碑。他将心中忧国忧民、忠君思家、怀才不遇等混杂在一起的感情记录下来，成就了"朱门狗肉臭，路有冻死骨"的千古经典名句。

在此之前，杜甫的五言诗多是模仿魏晋时期的大家作品，内容大多如漫游时期所作，虽美却意不深，风格朴实，篇幅也比较短。

杜甫在《自京赴奉先县咏怀五百字》中，展现的是脆弱的一面，透露出的是无力感。"杜陵有布衣，老大意转拙。许身一何愚，窃比稷与契。"杜甫回首了十年来的经历，曾经的想法竟然如此不切实际，甚至愚蠢可笑。如今停下脚步，才发现自己一直在碰壁，已经白了头发，但是杜甫不愿改变志向，只要一天还活着，就要继续为百姓发声。即使同辈人冷嘲热讽，他还要引吭高歌，毫不泄气。

归隐的想法一直都有，杜甫多想重回曾经自由轻松的生活！但是他肩上有着杜家的责任，更有心中的大爱，他不能自私地退后，他不能像那些蝼蚁般的小人去寻求舒适，不同流合污是杜甫不变的坚持。

"况闻内金盘，尽在卫霍室。中堂舞神仙，烟雾散玉质。暖客貂鼠裘，悲管逐清瑟。劝客驼蹄羹，霜橙压香橘。朱门酒肉臭，路有冻死骨。"听闻皇宫内的金盘宝器，如今都落在了国舅家。中堂里跳舞的美人犹如神仙一般曼妙，客人们都穿着昂贵的貂鼠皮袄，一旁还有乐师在演奏着美妙的乐章。客人们吃的骆驼蹄羹，香橙和金橘都是从南方运来的。朱门里面，富家人的酒肉飘出来浓浓的香气，几步之外的大路上，躺满了饿死的穷人。

只是相隔几步，门里门外就是两个完全不同的世界，里面的人纸醉金迷，外边的人食不果腹，这就是腐朽的真实面目，丑陋不堪。专权者坐在百姓的尸骨上享乐，犹如吞噬人血的魔鬼，在人间到处游荡。

"所愧为人父，无食致夭折。岂知秋未登，贫窭有仓卒。生常免租税，名不隶征伐。抚迹犹酸辛，平人固骚屑。默思失业徒，因念远戍卒。忧端齐终南，澒洞不可掇。"杜甫觉得自己愧为人父，苦苦努力了十年，好歹当了个官儿，有了些优待，有了些权力，可那又怎样？依然留不住心爱的孩子。他且如此，那普通百姓的日子只会更加艰辛。那些失去土地的农民，一定是倾家荡产，那些远守边疆的士兵，也一定是缺吃少穿。国家犹如患了重疾的病人，让人不得不为之担忧。

历史再次证明了杜甫的担忧，他是在天宝十四载（755）十月初写下的这首诗，十一月，安禄山起兵造反，安史之乱爆发在即。

"山雨欲来风满楼"，杜甫看到这个国家已经出现问题，而且亲眼见证了矛盾由小变大，由简单变得复杂，如今所有矛盾集中爆发，玄宗皇帝还在骊山华清宫与美人避寒享乐，对即将到来的灾难毫无察觉，百姓已经水深火热，战报还迟迟没有到君王的耳旁。

《孟子》中有"庖有肥肉，野有饿莩"，杜甫的笔下有"朱门酒肉臭，路有冻死骨"，如果没有高尚的情操，不会有如此深刻的感叹，曾经的他只高谈阔论"致君尧舜上，再使风俗淳"，如今的他在说"穷年忧黎元，叹息肠内热"，杜甫不再停留在不切实际的抱负中，而是真正关心百姓民生。

成长，是这十年生活最大的收获，他已经彻底远离了裘马轻狂时代的自己，成为儒家仁爱精神的化身，杜甫逐步成为"诗圣"。安禄山率军攻进洛阳，756年正月自称"大燕皇帝"。

在长安沦陷前的一个月，杜甫离开了这里，离开了十年苦心经营的根据地，本是来求官的，如今却仓皇逃离，真是十足的讽刺。他想起当年李白举酒送别时，自己满腔豪情，志在必得，如今的他更深刻地理解了李白想要归隐的想法，当今的政治集团犹如一个旋涡，能够吞噬一切，包括一个人的梦想和执着。

第五章

陷贼中・山雪河冰野萧瑟，

青是烽烟白人骨

危险官职

天宝十四载（755），安禄山发动叛乱。他身任平卢、范阳和河东三镇节度使，自称得到密旨，举兵讨伐杨国忠。安禄山聚集了十五万兵马，自范阳南下，很快就攻占了洛阳。

腐朽的当朝兵力薄弱，转年安禄山就率军攻入了长安。唐玄宗仓皇下逃离长安向南前行，临行还不忘带着他的爱妃杨玉环，当然还有国舅杨国忠。长久以来，人们对祸国殃民的杨氏兄妹的专权不满，对他们的所作所为恨之入骨，加之无可奈何下士兵们不得不背井离乡，物资和温饱都得不到保证，一气之下，行至马嵬坡时，伺机杀死了杨国忠，又逼使玄宗绞杀了杨玉环。

之后，将士们继续保护唐玄宗南下，逃往四川。时局动荡，安史之乱持续了八年，大唐盛世荡然无存，百姓民不聊生，四处逃难。

天宝十五载（756），杜甫结束了十年的长安生活，成为逃亡大军中的一员。一路上困难重重，在多年后的作品

《送重表侄王砅评事使南海》中，杜甫回忆当时逃难的经历。

当时他带着妻儿骑着牲口前行，后来牲口被人抢走了，只能一路靠步行，一不小心跌入了荆棘丛中，摔伤了腿，由于逃难途中缺医少药，根本没办法医治，只能忍着疼痛继续前行，妻子和儿子搀扶着他，移动缓慢，半天也走不了多远。

路遇胡兵，一家人差点儿就落在了他们手里，万幸的是表侄王冰骑马回来救了他们，还把马让给杜甫，侄子则一手拿刀，一手牵着缰绳保护杜甫脱离了险境，如果不是侄子的舍身相救，恐怕杜甫一家都将命丧黄泉。

杜甫带着家人向彭衙出发，后来他在《彭衙行》中提到这段经历，深夜在月光中奔走，狼狈不堪，食不果腹，女儿饿得咬人，又怕孩子的哭声引来豺狼虎豹，想捂住她的嘴不让她叫，但孩子却哭得更厉害了。儿子说要吃苦李，以表示自己懂事。

持续的雷雨天气，使得道路湿滑难行。遇到路不好走的地方，一天也走不了多远。衣服又湿又凉，没有食物，整日都是以野果充饥，累了就在树下休息。早上在流着水的石头上行走，晚上在山中露宿。

全家本打算在同家洼做短暂歇息后北出芦子关直达肃宗所在的灵武，却不料惊动了情高义重的老朋友孙宰。

日落黄昏之时，孙宰点好灯，打开门，迎接杜甫一家老小的到来。他先是烧了热水让客人们洗脚驱寒，还剪纸招魂，为他们一家人压惊。孙宰呼唤妻子儿女出来见面，两家人悲喜交加、泪眼纵横。聊着聊着，孩子们都累得睡着了，于是叫醒他们起来吃饭。在这个兵荒马乱的年代，还好有孙宰这个老朋友的救助。他们又准备好房间，让杜甫一家休息。如此种种的恩情都铭记在杜甫的心里。

逃亡的经历，杜甫没齿难忘，许多经典作品也诞生在这个时期，如他行经陕西三川时，巧遇三水暴涨，便写下《三川观水涨二十韵》，这首诗没有写逃亡的场面和心境，而是描写路上的景色："恐泥窜蛟龙，登危聚麋鹿。枯查卷拔树，礔礧共充塞。"可谓来势汹汹，势不可挡，被称为"宋元以来体物律古之祖"。

756年，太子李亨即位，称唐肃宗，改元至德。逃亡中的杜甫听到这个消息，犹如黑夜中看到了光明，他将妻子儿女安顿在了鄜州（今陕西富县）羌村避难，只身投奔肃宗，希望能辅佐新帝，为国效力。

不幸的是，杜甫在途中被流窜的叛军俘虏，被押送到长安。叛军得知他只是个八品的小官，觉得并没什么大用处，就没有囚禁他，但也不可以随意离开。困在长安的那段时间，杜甫目睹了叛军的骄横残暴。叛军在城中比土匪更加残暴，妇女老幼，统统难以幸免。

一天，杜甫望着漫天飘落的雪花，感受着冷冽刺骨的寒意，想到刚刚传来官军战败的消息，面对世事，无力改变，忧心忡忡之下写出《对雪》诗作。

战哭多新鬼，愁吟独老翁。

乱云低薄暮，急雪舞回风。

瓢弃尊无绿，炉存火似红。

数州消息断，愁坐正书空。

乱云低垂，雪花乱舞，对着空空的酒器，思绪随着飞雪飘荡，灵魂没有寄托，牵挂也无处安放，亲人没有消息，只能在空中乱比画写字，是愁苦，是悲戚，更是哀伤。

羁押的日子过得很慢，杜甫只能靠写诗度日，这也成为他排解苦闷的唯一出口。《元旦寄韦氏妹》《月夜》《一百五日夜对月》《忆幼子》《遣兴》等诗都是杜甫思念亲人所作，情感细腻，文笔浪漫，是杜甫作品中温情的一个角落。

唐肃宗至德二载（757）的春天，杜甫创作了千古名作《春望》，将眼前的长安街头写进了诗中。

国破山河在，城春草木深。

感时花溅泪，恨别鸟惊心。

烽火连三月，家书抵万金。

白头搔更短，浑欲不胜簪。

萧条凌乱的长安街头，已经看不到曾经的繁华，满目的萧条破败，让杜甫心痛万分。

国家已经在战火中千疮百孔，破败不堪，只有高山河流仍还在，长安已经没有了往日的光彩，半埋在杂草碎木中，即使是春天，也没有艳阳高照的明媚之感。

看着断壁残垣的长安城，杜甫的忧伤之感无以复加，看到花开也流下眼泪，听到鸟鸣也不禁心惊。曾经的悦耳鸟语、迷人花香，此刻变得伤感。

战火已经连绵持续了一个春天，国人都在战火中流亡，此时一封报平安的家书万分宝贵，万两黄金也不换。杜甫好久没有接到家里的音信了，不知妻儿在他乡是否平安，这是杜甫心中最挂念的事儿。多渴望能够收到一封家书，多渴望听到战争停止的消息。

烽火连天，家书不至，内忧外患，国家满目疮痍，杜甫忧愁得掉了许多白发，那个瘦弱的他在黑暗中来回踱着步，手指搔头，思绪万千，头发越发稀疏，到后来恐怕连簪都插不上了。

这首诗充分体现了杜甫"沉郁顿挫"的诗风，基调悲慨，感情强烈，但又不张狂，缓慢却有力量。宋人司马光在《温公续诗话》中评价："古人为诗，贵于意在言外，使人思而得之，故言之者无罪，闻之者足以耐也。近世诗人，唯杜子美最得诗人之体，如'国破山河在，城春草木深。感时花溅泪，恨别鸟惊心'。山河在，明无余物矣；草木深，明无人矣；花鸟，平时可娱之物，见之而泣，闻之而悲，则时可知矣。他皆类此，不可遍举。"

好友郑虔此前也被叛军俘虏，押解至洛阳，被任命为水部郎中。郑虔不甘心，托病不肯就职，寻了机会潜回长安，与困守在此的杜甫相见。乱世中的重逢更加可贵，两人相见悲喜交加，杜甫听闻郑虔的遭遇，写下《郑附马池台喜遇郑广文同饮》。"白发千茎雪，丹心一寸灰。别离经死地，披写忽登台"，他心中也燃起了希望，他也要逃离这个牢笼，再续仕途之路。

这一天，他一个人又偷偷地来到曲江边，旧地重来，触景伤怀，不敢放声痛哭，只能忍住内心的伤痛，创作了这首《哀江头》。

> 少陵野老吞声哭，春日潜行曲江曲。
> 江头宫殿锁千门，细柳新蒲为谁绿？
> 忆昔霓旌下南苑，苑中万物生颜色。
> 昭阳殿里第一人，同辇随君侍君侧。
> 辇前才人带弓箭，白马嚼啮黄金勒。
> 翻身向天仰射云，一笑正坠双飞翼。
> 明眸皓齿今何在？血污游魂归不得。
> 清渭东流剑阁深，去住彼此无消息。
> 人生有情泪沾臆，江水江花岂终极。
> 黄昏胡骑尘满城，欲往城南望城北。

"人生有情泪沾臆，江水江花岂终极！"杜甫回想起当初皇帝带着美人出游，车前的宫女都带着弓箭，白马都套着黄金马勒，何等的风光。如今杨贵妃的明眸皓齿已经无处寻找，鲜血已经玷污了她的游魂。人生而多情，泪水沾湿了胸臆，这江水和江花都成了悲情之物，何处才是尽头呢？

在长安待了大半年后，杜甫终于找到逃跑的机会。

至德二载（757）夏日的一天，杜甫在提前侦察好地形、情势之后，偷偷地从长安外郭城西面的金光门逃了出来。一路上他提心吊胆，昼伏夜行，白天利用茂盛的草木隐蔽，夜晚偷偷地潜行。终于穿过官军与叛军对峙的防线，离开了长安来到了唐肃宗在凤翔（今陕西宝鸡）的指挥总部。

苦难中逃脱出来的杜甫衣衫褴褛，身上一件破大褂，连手肘都遮不住，脚上一双旧麻鞋，能隐约看到脚趾，犹如乞丐。看到他这个装扮，又听闻他一路的遭遇，唐肃宗感其忠诚，很快任命杜甫为左拾遗。

期盼许久，杜甫终于等来了受官诰文，"襄阳杜甫，尔之才德，朕深知之。今特命为宣义郎行在左拾遗。授职之后，宜勤是职，毋怠。命中书侍郎张镐赍符告谕。至德二载五月十六日。行在。"（两《唐书》作右拾遗，误）

所谓"左拾遗"，类似于现代的监察机关，隶属谏诤机构，主要就是为皇帝收集有用的信息，建言献策。地位不高，官从八品，可见唐肃宗并没有想重用杜甫。

杜甫得到这个职位却十分高兴，这正是他梦寐以求想做的事情，终于有机会可以辅佐君王，重兴盛世，再创辉煌。

虽有忠君爱国之心，但杜甫并不懂得"当官之道"，得罪了不少人，还差点儿因为宰相房琯丢了性命。

房琯是武则天时期宰相、正谏大夫房融之子。唐肃宗灵武即位后，房琯前来投奔，受到了唐肃宗的重用。但他不通兵事，又用人失误。没过多久，安禄山叛军来犯，房琯便向肃宗献出一计：用春秋车战之法，即征用2000头壮牛作为战车，在牛尾处悬挂鞭炮，炮响牛奔，以火牛阵击溃叛军。肃宗应允。

还在房琯满心期待的时候，前方传来消息，叛军看到火牛，一阵鸣锣敲鼓，大声呐喊，吓得牛四处乱跑，不再攻城，有的火牛往回跑，伤到了不少自家的将士，唐军在陈涛斜（也作陈陶斜、陈陶，今陕西咸阳东）大败而归。杜甫写下《悲陈陶》，述说四万死伤官兵血染陈陶的惨烈景象。

孟冬十郡良家子，血作陈陶泽中水。

野旷天清无战声，四万义军同日死。

群胡归来血洗箭，仍唱胡歌饮都市。

都人回面向北啼，日夜更望官军至。

房琯打了败仗，碰巧又遇上用人不淑，其琴师董庭兰以宰相门客的身份敛财，被人告发。董庭兰是天宝时期的著名琴师，是高适笔下"莫愁前路无知己，天下谁人不识君"的董大。朝中对房琯不满的官员抓住了机会，贺兰进明、崔圆等人轮流在唐肃宗面前进言，说房琯不胜任这个职位，唐肃宗渐渐疏远了他。

杜甫与房琯私交甚好，在房琯隐居陆浑山时，杜甫就曾拜谒过他，两人十分投缘，如今在原址重建的慈城古县衙就有房琯和杜甫的塑像，两人执手相对，"布衣之交"令人感动。得知唐肃宗有意罢免房琯，杜甫冒死进谏，以国家社稷为名力保房琯的相位。他认为房琯为人正直，用兵素非其所长，兵败情有可原，杜甫言："罪细，不宜免大臣"，认为这样的过错不够罢免职务。

没想到杜甫的这番言论引得唐肃宗勃然大怒，险些招来杀身之祸。诏韦陟、崔光远、颜真卿三司推问。韦陟推问后建言：杜甫虽词涉激烈，然未失谏臣体。宰相张镐复言："甫若抵罪，绝言者路。"他也认为，如果就这样治杜甫的罪，恐怕天下人都不会再来谏言，唐肃宗这才放过杜甫。

杜甫上表谢罪，但他并不避嫌，依然坚持为房琯辩护，还向肃宗直言："帝自是不甚省录。"从此之后，唐肃宗对杜甫不再重用，至德二载（757）八月，将杜甫放还鄜州省家，让他"探亲"去了。

羌村咏叹调

这番经历犹如一盆凉水，浇到了杜甫的头顶，也浇灭了他刚刚上任时的热情，曾经他以为终于有机会"致君尧舜上，再使风俗淳"。没想到一切结束得这么快。

回家探亲只是一个说辞，唐肃宗有意疏远杜甫，将他发往别处。从凤翔到鄜州路途遥远，杜甫却连匹马都没有，这个官做得也是凄凉。无奈之下，杜甫向李嗣业借马，于是有了《徒步归行》这首"借马"诗。

> 明公壮年值时危，经济实藉英雄姿。
> 国之社稷今若是，武定祸乱非公谁。
> 凤翔千官且饱饭，衣马不复能轻肥。
> 青袍朝士最困者，白头拾遗徒步归。
> 人生交契无老少，论交何必先同调。
> 妻子山中哭向天，须公枥上追风骠。

李嗣业看到杜甫的这首诗，很痛快地为他准备了一匹骏马。

在探亲的路上，杜甫再次见到了战争带来的灾难，看着人间悲剧在一幕幕上演，刺痛了杜甫的心。

他一路上创作了许多作品，路过麟游县写下《九成宫》，路过李世民的昭陵写下《行次昭陵》，还在悲愤之下，创作了《北征》《羌村三首》。

《北征》是一篇长篇叙事诗，此时的杜甫已经在诗歌创作上有了一定高度，技巧浑熟，这首诗不再是一个画面、一个故事，而是一篇宏大的史诗巨作，也是一篇陈情表，更是作为"左拾遗"的臣子向君王汇报一路的见闻感想。

杜甫感叹，如今的天下满目疮痍，让做臣子的怎能不忧虑！走在田间的小路上，不见人烟，四处一片萧条。路上遇到的人，很多都带着伤病，不住地痛苦呻吟，有的伤口还在流血。

夜深时，杜甫走过曾经的战场，寒冷的月光照着森森的白骨，回想起潼关的百万大军，那时候为何溃败得如此仓促？让秦中百姓遭受这样的伤害。

曾经，杜甫也被胡军抓住，再回家时头发已经是花白，走了一年多，再回到这破旧的茅草屋，妻儿的衣裳已经是用零头布缝补而成的百结衣。

见到妻儿的生活状态，杜甫情绪非常低落，又吐又泻躺了好多天，他并没有什么银钱可以改变家庭状况，觉得十分愧疚。打开包裹，取出粉黛，瘦弱的妻子稍微打扮一下脸上便有了些光彩，女儿在一旁学着母亲的样子梳着头发，笨手笨脚地往脸上涂抹着粉黛，还把眉毛画得那么宽。

家人看到杜甫能活着回来，似乎忘记了饥饿和困苦，孩子们围着他追问，还拉起父亲的胡子，真是不忍心对他们生气。回想起被困在长安贼窝时的情形，如今这种吵嚷是那么安心。

家中有这么多事需要做打算，皇帝还流亡在外，不知战争何时才能停止，士兵何时才能不再操练。多希望有人来帮助朝廷的军队，快速收回失守的城池和土地，长安百姓都在盼着皇帝的旗帜能够重新回城，延续祖宗创下的盛世华年，百姓重新安居乐业。

《羌村三首》是杜甫同时期创作的五言组诗，三首诗记录了三个生活片段，组成了一个生动的"唐代离乱图"，还原了一个战争后真实的生活场景。

其一

峥嵘赤云西，日脚下平地。

柴门鸟雀噪，归客千里至。

妻孥怪我在，惊定还拭泪。

世乱遭飘荡，生还偶然遂！

邻人满墙头，感叹亦歔欷。

夜阑更秉烛，相对如梦寐。

其二

晚岁迫偷生，还家少欢趣。

娇儿不离膝，畏我复却去。

忆昔好追凉，故绕池边树。

萧萧北风劲，抚事煎百虑。

赖知禾黍收，已觉糟床注。

如今足斟酌，且用慰迟暮。

其三

群鸡正乱叫，客至鸡斗争。

驱鸡上树木，始闻叩柴荆。

父老四五人，问我久远行。

手中各有携，倾榼浊复清。

苦辞酒味薄，黍地无人耕。

兵革既未息，儿童尽东征。

请为父老歌：艰难愧深情。

歌罢仰天叹，四座泪纵横。

　　第一个画面是杜甫回家后的场景。跋涉千里终于回到家，目之所及都是萧条景象。妻子和孩子都以为杜甫已经死了，看到他站在门口，愣了好久才喜极而泣。在这兵荒马乱的时期，能活着回来确实是万幸，周围的邻居听说这个消息也纷纷围了过来，都在感慨他归来不易。人们都散去之后，夜已经深了，夫妻二人才有机会相对而坐，这个场景仿佛在梦中，让人不敢相信是真的。

　　第二个画面表现了杜甫回家后的矛盾心情。已经到了晚年，仍感觉在苟且偷生，整日郁郁寡欢，孩子还小，许久未见父亲，总缠在我膝旁不走开，害怕我又要离开家。回想曾经追随皇帝出行的场景，如今时过境迁，留下遗憾和叹息。凉风习习，吹得人感伤，报国无门，百感交集，心中备受煎熬。幸好这个时候已经秋收了，家中酿的酒已经阵阵飘香，有如此醇香的酒喝就很满足了，就让酒麻醉一下焦虑的心吧。

第三个画面是邻居携酒来拜访的情景。家中成群的鸡在乱叫，它们又在争斗，把鸡赶到了树上，才听到有人在敲柴门。原来是四五位村中的长者来慰问杜甫，得知杜甫从远处归来，带了酒来拜访，倒出来的酒有的清，有的浑，长者解释酒味淡薄，是因为田地没人耕种，战争还没停止，年轻人都去东征了。酒到深处，杜甫想为父老乡亲高歌，感谢他们在如此艰难的岁月中，还来问候自己。在场的各位都被他感动，热泪纵横。

一时见闻，都成为杜甫笔下的诗歌，《羌村三首》用白描的手法，将真情娓娓道来，一唱三叹，句句感人。

至德二载（757）九月，唐肃宗的儿子、天下兵马元帅李俶，同副元帅郭子仪率领唐军以及回纥、西域兵共计十五万人收复长安，实现了杜甫在《北征》中的期望。

收复长安的消息传到了杜甫的村子，杜甫大喜过望，创作了《喜闻官军已临贼境二十韵》《收京三首》等作品，表达自己喜悦的心情。尤其是《喜闻官军已临贼境二十韵》，被后人评价"字字精彩，句句雄壮，全是喜极涕零语"。他夸赞官军将士声威震天，"胡虏潜京县，官军拥贼壕。鼎鱼犹假息，穴蚁欲何逃"。像热水涤荡腥臊一样消灭了叛军，叛军像鼎中之鱼苟延残喘，如穴中之蚁无处可逃。

同年十月，唐肃宗离开了凤翔，回到长安，唐军乘胜追击，陆续收复了河南、河东等地方。虽然收复了多地，但损失很严重，因为按照战前的约定，回纥帮助打了胜仗，要拿走城中大部分的财物。

几番征战，皇帝终于回到了都城。

杜甫简单收拾了一下，十一月就带着家人赶往长安，回到唐肃宗的身边继续当左拾遗。

杜甫的好友郑虔在战争时期被俘，后被迫接受伪职，如今唐肃宗回归长安，在处理陷贼官员问题时，却给他定了"罪"，贬为台州司户参军。杜甫认为这种处置对于郑虔来说有些太重，但他的左拾遗已经是个假把式，没办法再为好友争取什么。

郑虔出发之日，他没有办法去为他送行，所以作了一首诗作为送别——《送郑十八虔贬台州司户伤其临老陷贼之故阙为面别情见于诗》。

郑公樗散鬓成丝，酒后常称老画师。
万里伤心严谴日，百年垂死中兴时。
苍惶已就长途往，邂逅无端出饯迟。
便与先生应永诀，九重泉路尽交期。

此时郑虔年事已高，杜甫觉得此一别可能没有机会再见，十分伤感，"便与先生应永诀，九重泉路尽交期"。

随着皇帝的回归，一切在捋顺，万物即将复苏。即使是寒冬腊月，杜甫仍感受到了温暖，这温暖来自内心，融化了外界的冰冷。一首《腊日》足以表达他那时的欣喜之情：

> 腊日常年暖尚遥，今年腊日冻全消。
> 侵陵雪色还萱草，漏泄春光有柳条。
> 纵酒欲谋良夜醉，还家初散紫宸朝。
> 口脂面药随恩泽，翠管银罌下九霄。

往年的腊日天气还很冷，温暖离人还很遥远。而今年的腊日气候温和，冰冻全消。高兴之余准备辞朝还家，纵酒狂饮欢度良宵，但此时此刻，又因感念皇帝对他的恩泽，不能随便走开。

他以为盛世即将来临，可以踏踏实实做他的左拾遗，尽忠职守，辅佐君王，复兴国家。可惜，这春意只是杜甫一人的遐想。

唐肃宗依然疏远杜甫，不想重用他，在《题省中院壁》中杜甫曾写有："衮职曾无一字补，许身愧比双南金。"他谏言的内容，唐肃宗一个字都没采纳，这让他深受打击。

乾元元年（758）五月，杜甫被贬为华州司功参军，主要负责一些祭祀的活动，是个没有什么实权的职位。

杜甫的"左拾遗"只做了不到一年，就草草结束，他心中是有遗憾的，《曲江二首》是杜甫在此期间的作品，诗中的花开花落，犹如他人生的起伏。

其一

一片花飞减却春，风飘万点正愁人。

且看欲尽花经眼，莫厌伤多酒入唇。

江上小堂巢翡翠，花边高冢卧麒麟。

细推物理须行乐，何用浮名绊此身。

一片花从枝头飞落下来，已经让人感到春色大减，风把成千上万的花瓣吹落在地，怎能让人不忧愁呢？且看落花从眼前飞过，也不再厌烦饮酒入喉。翡翠鸟在曲江上楼堂筑巢，原来雄踞的石麒麟如今躺在地上。仔细想想万物兴衰的变化，人啊就应该及时行乐，何必让虚浮的荣誉束缚了自身呢？

曲江上的花被风吹落，杜甫心头的花被风卷起，他将眼前的景色与自己的情感杂糅到了一起，将哀思寄托在枝头的一点粉红之上，世事变迁，花开花落，都在杜甫的笔下。

时代变迁，犹如这季节的流转，昔日的繁华如今变成荒芜，青春也终究要逝去，功名富贵终究不会成为永恒，所以杜甫想到自己的失意也就释然了许多，劝慰自己及时享受人生的快乐。

这只是宽慰自己的话，杜甫心中的苦闷是没有办法排解的，愁绪万千的诗人只能靠酒来抒怀，报国无门的苦痛也只能写在诗里。

曲江对酒

苑外江头坐不归，水精宫殿转霏微。

桃花细逐杨花落，黄鸟时兼白鸟飞。

纵饮久判人共弃，懒朝真与世相违。

吏情更觉沧洲远，老大徒伤未拂衣。

自己懒得上朝去拜见皇帝，实在是因为理想落空的无奈之举，抱负难展，只能对着曲江流水饮酒，看着花鸟清樽，发发没用的牢骚。

把牢骚发在皇帝身上的诗人并没有几个，杜甫是其中之一，这是长久以来的积怨，他已经"忍无可忍"，眼看着理想渐行渐远，他仿佛是被剪了翅膀的飞鸟，只能在地上哀号。

除了发发牢骚，还有一些率性之作，从中能读出他当时的愤愤不平。

逼仄行赠毕曜

逼仄何逼仄，我居巷南子巷北。

可恨邻里间，十日不一见颜色。

自从官马送还官，行路难行涩如棘。

我贫无乘非无足，昔者相过今不得。

　实不是爱微躯，又非关足无力。

徒步翻愁官长怒，此心炯炯君应识。

晓来急雨春风颠，睡美不闻钟鼓传。

东家蹇驴许借我，泥滑不敢骑朝天。

已令请急会通籍，男儿性命绝可怜。

焉能终日心拳拳，忆君诵诗神凛然。

辛夷始花亦已落，况我与子非壮年。

街头酒价常苦贵，方外酒徒稀醉眠。

速宜相就饮一斗，恰有三百青铜钱。

　　之前他骑着官马出门上朝，如今被官府给要了回去，出门变得很艰难。又没钱自己买马，如果步行出门，又怕丢了官家的脸，没有办法只能安静地待在家里。

　　下了一场春雨，又睡过了头，上朝就要晚了，东家就借了头驴来骑，路滑又不敢骑着去见皇上，赶忙请假一天。辛夷花开了没多久就凋落，自己和好友都已经不是壮年。街头的好酒那么贵，有了钱就想和朋友一醉方休。

　　这种率性而作的诗歌成为一种流行，许多人纷纷效仿。俗语就能成诗，并不是任何人都能做到的，不但讽刺了朝廷，也感慨自身。看似轻描淡写，实则波澜老成，"颓然自放，工拙互陈"。

　　到了出发去华州的日子，站在金光门旁，杜甫回望，心中千种滋味萦绕，不知从何说起，《至德二载，甫自京金光门出间道归凤翔。乾元初，从左拾遗移华州掾，与亲故别，因出此门，有悲往事》是他的临行之作。

> 此道昔归顺，西郊胡正繁。
>
> 至今残破胆，应有未招魂。
>
> 近得归京邑，移官岂至尊。
>
> 无才日衰老，驻马望千门。

　　想当年，杜甫就是从金光门这条路去往凤翔投奔唐肃宗的，长安的西郊到处都是叛军作乱，回想当时的情景依然让人胆战心惊。好不容易回到了长安，当了左拾遗，如今又贬去华州，这就是至尊皇帝的旨意。人老了，又没什么才学能力，如今就要告别长安城了，驻马回望许久，再仔细看看千门宫殿檐房。

　　他舍不得君王，又不敢怨恨君王，最后只能自责，黯然离去。长安犹如一个大舞台，各方神圣纷纷登台，扮演各自的角色。有的人唱到最后，有的人却早早退场，城中的宫殿就是他们的观众，看过太多高潮迭起的戏码，早就记不住那些平淡离去的素人。

困苦于华州

到任华州后，杜甫开始了司功参军的工作，这个官职主要掌管官员的考课、祭祀、礼乐、学校、选举、表疏、医筮、考课、丧葬等事。虽然贬职的事给杜甫的打击很大，他还是很认真对待这个新工作，没有消极怠工。

工作之余，杜甫还不忘调侃一下艰苦的办公环境。

早秋苦热，堆案相仍（时任华州司功）

七月六日苦炎热，对食暂餐还不能。

每愁夜中自足蝎，况乃秋后转多蝇。

束带发狂欲大叫，簿书何急来相仍。

南望青松架短壑，安得赤脚蹋层冰。

到了夏天最热的时候，人热得连口饭都吃不下，半夜里蝎子虫子到处都是，入秋之后苍蝇也越来越多，桌子上堆满了要处理的文书，真是让人烦躁，想要大叫。看着远处的青松，多想光脚踩在冰面上呀！

因为新的职位远离朝堂，他有了更多的时间来创作，许多佳作就诞生在这段时期。提及杜甫，人们总是把他作为一个文学家来评判考量，但杜甫一直以来的愿望并不是成为一代文豪，而是在朝堂之上"致君尧舜上，再使风俗淳"。杜甫究竟有没有从政能力，很少有人去探究，事实上，杜甫并不是一个空谈理想抱负的人，他的政治韬略可以从一些作品中领略一二。

《为华州郭使君进灭残寇形势图状》是杜甫创作的一篇散文，文中清晰地展现了杜甫的战略眼光和应变策略，他先对局势进行分析，又提出建议："今残孽虽穷蹙日甚，自救不暇，尚虑其逆帅望秋高马肥之便，蓄突围拒辙之谋，大军不可空勤转输之粟，诸将宜穷掎角之进。"字里行间透露出他"位卑未敢忘忧国"的赤子之心。

多年生活在社会最底层，杜甫深知百姓的不易，了解他们的疾苦，《干元元年华州试进士策问五首》有："虽遭明主，必致之于尧舜；降及元辅，必要之于稷卨。驱苍生于仁寿之域，反淳朴于羲皇之上。"此外，他对赋税、交通、货币等与百姓息息相关的问题也提出见解。

华州这段时间，杜甫得了机会回到曾经守制的陆浑庄，在安史之乱时期，这里曾被叛军占领，亲朋故友都在战争中四处逃散，回去之后发现一切物是人非。

他没有停留多久，于乾元二年（759），九节度之师溃于邺城时，自洛阳经潼关回华州。

此行，杜甫拜访了故友卫八处士。他的家就在杜甫回城路上的奉先县，二人本是少年时期的至交好友，分别之后各自奔波，经历了残酷的战争，如今再次相见，回想这么多年来的遭遇，再看眼前容貌沧桑的故人，杜甫无限感慨，写下《赠卫八处士》，慨叹人生变化无常。

"人生不相见，动如参与商。今夕复何夕，共此灯烛光。"人生的旅途总是离别容易相见难，就像参星与商星难以相见一样。今夜是一个良辰吉日，让我们在这烛光之下再次相谈，一诉思念。

"少壮能几时，鬓发各已苍。访旧半为鬼，惊呼热中肠。"年轻的好时光能有几年，如今相见都是鬓发如霜各沧桑，去拜访旧时的好友一半都已经去世，让人内心难以平静，不住哀叹。

"焉知二十载，重上君子堂。昔别君未婚，儿女忽成行。怡然敬父执，问我来何方。问答乃未已，儿女罗酒浆。夜雨翦春韭，新炊间黄粱。主称会面难，一举累十觞。十觞亦不醉，感子故意长。明日隔山岳，世事两茫茫。"分别了二十年，再一次来到你家的厅堂之上，实在难得。离开的时候还没有结婚，此时子女已经成群。他们彬彬有礼迎候我，还亲切地询问我来自什么地方。还没来得及告诉孩子们，好友已经让儿女去端酒菜了。冒着夜雨新割的鲜嫩韭菜，还有新做好的黄米饭，感叹见面实在难得，连着喝了十几杯也没有醉意，这种少时的友情是多么感人呀！一想到明日就要再次分别，就让人愁绪难当。

时间是一把尺子，衡量着世间的情感，茫茫尘世，聚散无常，有些人兜兜转转还能再见，有些人一旦分别就是永远。与故友的相聚，像是一次灵魂的休憩，停下一直前行的脚步，终于可以歇一歇，回首一下往事，再叹一声世道无常。无论何时，与好友分别总是让人感伤，毕竟前途是怎样的没人知道。

人生已经几十年，杜甫经历了太多的苦难，甚至有过几次接近死亡，但他活下来了，依然还可以与家人相见，与好友饮酒。想到这里，杜甫就有些许释然，生命真的是起起伏伏，没有定数。

越是平易近人的诗歌，越能引起共鸣。《赠卫八处士》是杜甫随感而作，透过诗句流露出的友情，犹如涓涓细流，柔柔划过心头，暖了全身。这种情感是缓慢而浓郁的，与忧国忧民的慷慨之情完全不同，可谓"信手写去，意尽而止，空灵宛畅，曲尽其妙"。

杜甫的心是纯净的，犹如一面镜子，倒映出世间真实的模样。他坦荡、赤诚，褪去了夸张与浮华，展示给后人一个纯粹的诗人形象。

"三吏""三别"传千年

　　安史之乱是唐由盛至衰的转折点，这场大规模的内战使唐朝人口骤降，国力锐减。有人曾经说，是安史之乱成就了杜甫，如果没有这场劫难，杜甫可能只是个"二流诗人"。读过杜甫中年以后创作的作品，就能了解安史之乱的整个历史。

　　杜甫用自己那如椽的巨笔，记录了这场历史悲剧，它结束了大唐盛世的神话，也断送了历史上不可复制的繁华，战争带来的伤痛，波及了那个时代的所有人，犹如一场瘟疫，避之不及，无法逃离。也是从此时起，唐诗中充满色彩的浪漫主义诗歌渐渐减少，取而代之的是现实主义题材的作品，杜甫就是在此时逐步转变成为一名爱国主义诗人。

　　杜甫的名篇"三吏""三别"，真实而又详细地记载了安史之乱这一历史事件，也记述了大唐帝国是如何从兴盛逐渐走向衰败的。"三吏"分别是《新安吏》《石壕吏》《潼关吏》，"三别"分别是《新婚别》《无家别》《垂老别》。

　　这组诗作于杜甫从洛阳回华州的途中，一路上他看到的都是战争给人们带来的灾难，无辜的百姓受着战火的摧残。他着眼于不同视角，从细节入手，将乱世之中的民生疾苦、飘零落魄的身世，全都展现出来，同时也表达了对百姓的深深同情和对战争的憎恶。

《新安吏》是描写杜甫路过新安时所看到的征兵景象。当时官军刚经历了一场恶战，郭子仪率领朔方军拆断了河阳桥，阻止了安史军队南下，否则洛阳将再次失守。这一战之后，官军损失惨重，兵员亟待补充，于是朝廷下令民间征兵。

走在新安县的大街上，看到人声喧哗，才知道是在点名征兵。杜甫问新安吏，新安是个小县城，人口不多，又打了这么多年的仗，还会有成年的男丁可以当兵入伍吗？对方答说，官府的文书昨夜才下达，命令没有壮丁就依次抽中男。在当时，男女十八岁为中男，过了二十一岁才为丁。按照之前的规定，中男是不用服兵役的，所以杜甫看到这么多年轻男子在征兵的范畴内，感到有些奇怪。

"中男实在太小了，怎么能守得住城呢？"

稍胖一点的青年有母亲来送行，瘦弱的青年只身一人孤零零，没人陪伴。河水日夜东流，到了黄昏，青山中还回荡着送行者的哭声。还是把眼泪收一收吧，不要哭坏了眼睛，伤了身体。官军去攻取相州，日夜盼望平定它，但是世事难料，官兵大败，归来的战士像星星一样散乱地扎营。还在之前的营垒吃饭，练兵也在洛阳的近郊。挖掘壕沟不会深得见水，放马劳役也还算轻松。这是一场正义之战，官军一定会顺利，主将对士兵十分爱护，送行的亲人们不要哭得这么悲伤，郭子仪就像父兄一样爱着自己的将士。

得知是官府要征召这些中男青年，杜甫纵然心痛，也没有什么办法再去追问新安吏。只能关切地看着人群，有些中男没有父亲来送行，想必在之前已被征走，现在轮到孩子了。

"眼枯即见骨，天地终无情！"国家正在经受生死存亡的考验，杜甫深知征兵打仗是无法改变的事实，只能安慰这些伤心的送行人。

人说，忠孝不能两全，如今国家需要战士，他们作为子女就必须离家去战斗，这一走，就可能是永别。杜甫深知战争对于这些青年意味着什么，这种矛盾无法化解。

乾元二年（759）三月初六，郭子仪、李光弼等九位节度使调集六十万大军围攻邺城，叛将史思明率五万精兵驰援，双方在邺城郊外展开一场大战。由于肃宗皇帝的猜疑心重，他并没有任命郭子仪或李光弼为军队的统帅，而是任用阉宦鱼朝恩。结果，致使指挥权不统一，处处掣肘，被史思明援兵肆意牵制，最终在交战中因惊惧而全军溃败，给百姓带来一场更大的灾祸。为补充兵力，朝廷下令，在洛阳以西至潼关一带，强行抓人当兵，人民苦不堪言。

此时的杜甫由新安县继续西行，投宿石壕村，遇到了吏卒在深夜捉人，《石壕吏》就记载了这样一个故事。

投宿的夜里，杜甫听到官吏来抓人。这家老翁翻墙逃走，老妇去开门。官吏十分凶狠，吓得老妇哭声连连。妇人哭诉道："我三个儿子都去服役把守邺城，一个儿子托人捎信回来，另外两个已经战死沙场了。活着的人苟且偷生，死去的人永远逝去。家中再也没有什么男丁了，只有一个还在吃奶的小孙子，儿媳妇因为孙子没有改嫁，如今出入已经没有一套完整的衣裙。我年老体衰，你就带我跟你回去吧，兴许我还能给做早饭。"

夜已经深了，说话的声音越来越小，渐渐消失在无边的黑暗中，只有低声啜泣还在耳畔回荡。天亮了，杜甫要继续前行，只能与逃走又回来的老翁独自告别。

老妇就这样被带走了，征兵已经到了如此地步，百姓已经没有什么活路。人命不被珍视，是杜甫最为心痛的事。

《石壕吏》是"三吏三别"中最为经典的一篇，杜甫没有写官吏是如何残暴地抓壮丁，而是通过老妇的哭诉道出了残酷的真相。

《潼关吏》中讲述的是修建城关的一幕。看到劳役的士卒要在潼关建造一座比铁还坚固的城池，高如万丈。杜甫问道："修道是为了防史思明的军队吗？"潼关吏邀请他下马步行，指着远处说："潼关高得快要和天上的云相连，堡垒如一格格的栅栏，连飞鸟都飞不过去。胡贼来犯，在这里守城就足够了，不用担心长安。你看最厉害的地方，只有一辆车子才能勉强通过。战时就拿起长戟防守，一夫当关万夫莫开。"

杜甫听罢十分感慨地说："悲哀啊！桃林塞一仗，哥舒翰潼关战败，死了许多将士，很多人惨死于黄河。请一定嘱咐这些守卫潼关的士兵，要谨慎小心，不要重蹈哥舒翰仓促应战的覆辙。"

杜甫最关心的还是士兵的安危，经历了诸多苦难之后，他心中仍有心系苍生的大爱。

《新婚别》中，用巧妙的独白形式，讲述了新娘对新郎倾诉的肺腑之言，塑造了她深明大义的形象。

菟丝子缠着低矮的蓬草和大麻，藤蔓怎么能爬得远呢？与其嫁给一个征夫，倒不如早些丢在路旁算了。我嫁给了你做妻子，连床都没有睡暖过。昨晚刚刚成亲，今早就要分别，多么匆忙。

你要去河阳征战，虽然离家不远，但是也已经是边防前线。你我还没有举行祭拜祖先的大礼啊，让我怎么去拜见公婆？

做女儿时候，我的爹妈都不让我抛头露面，给我藏在闺中，说是嫁鸡随鸡、嫁狗随狗，如今你要上战场，我只能把不舍的痛苦藏在心间。多想和你一起去，只怕战事紧急，诸多不便。

你也不要为新婚分别而难过，要在战争中多多出力，我不能随你而去，因为怕会影响士气。我本是穷人家女儿，这套嫁衣很久之前就做好了，现在我就把它脱掉，当着你的面洗掉胭脂。天上的鸟儿自由飞翔，无论大小都成双成对。这人世间不如意之事十之八九，唯愿你我两人同心，永不相忘。

新婚妻子虽然十分舍不得丈夫离开，但还是鼓励他要努力杀敌，早日胜利归来。"仰视百鸟飞，大小必双翔。人事多错迕，与君永相望！"其中的哀怨、离愁让人动容，他们用生死不渝来作为分离时的诺言，战争时期的爱情是凄美的，特殊时代下的大爱感天动地。

《无家别》更加苍凉一些。天宝年后，村庄越发寂寞荒凉，田野里只剩下蒿草蒺藜，乡里的百余户人家在战火中各奔东西，活着的没有消息，死了的也已化作尘埃。

邺城兵败后，"我"踏上寻找家乡的旧路，在村里走了很久，只看见空空的巷子，日光惨白，萧条败落，只能面对竖着毛朝我怒号的野鼠和狐狸，四邻街坊只剩下一两个老寡妇还在。

鸟儿总是留恋着枝头，我同样留恋着故乡，哪能就此离去，就在此地栖息吧。正好是春天，扛起锄头，下田耕种，到了黄昏还在浇田。县官知道我回来了，征召我去练习军中骑鼓，虽然在本州服役，也没什么东西可带。

身边没有别人，前后只有我一个，去远处，最后也会迷失。家乡如今已经是一片废墟，远近对我来说已经没什么分别。只是心疼长年生病的母亲，如今死了五年依然没有好好安葬。她生了我，却没有让我有机会好好服侍，母子终身都在忍受心酸。人活在世间，却无家可别，叫人怎么做老百姓呢？

诗中的主人公是一个即将被征兵的中年人，老母病逝，家中再无他人，即将踏上征兵之路，却没有谁可以告别，更没有人来送行。"家乡既荡尽，远近理亦齐"，无家之人，仿佛没有风筝断了线，随风飘远，无依无靠。

《垂老别》讲述的是一个风烛残年老人的故事。四野周围布满了硝烟，让人一刻不得安宁，到了风烛残年依然无处栖身。子孙们都到战场上征战死了，兵荒马乱中人又何须保全这条老命。扔掉拐杖出门拼搏一番吧，这一路的人都为此而心酸流泪。

值得庆幸的是牙齿完好，胃口不减，只是骨瘦如柴，犹如枯槁。男儿穿上铠甲去战斗，长揖作别长官。老妻闻听要出发，卧在路旁哀号，衣衫褴褛的她在寒风中瑟瑟发抖。

大家都知道，这次分离就是死别，也许今生不能再团圆，怎么能不可怜她的饥寒，她却还在劝老夫要多多吃饭。土门关的高垒十分坚固，黄河上的杏园关口也很难跨越，此时的形势已经和当年邺城大不一样，即使是必有一死，也不会死得很快。

这人世间都有悲欢离合，无论你饥寒交迫还是风烛残年，回想起往日少年时太平盛世，如今只有一声长叹。天下都在战争的硝烟中，烽火已经弥漫了山冈峰峦。尸体堆积得让草木有了血腥味，流血把河流、平原染成了丹红色。

天下如此，哪里去找人间的乐园，怎么让人安心在此处停歇盘桓。只能毅然决然抛弃破旧的茅草屋，天崩地裂叫人肝肠寸断。生离死别，在这一刻同时上演，独行老翁的背影，留在了灰色的远方。

子孙已经死在了战场上，曾经和美的家已经散了，如今连老翁也要上战场，这就是战争的残酷，没人能够幸免。杜甫用老翁的口吻，将人世间的艰辛一一道来。

"三吏""三别"中每个故事的主人公都是平凡人，却经历着最不平凡的苦难。杜甫用他的文字一次次为后人重演着时代的悲剧，警醒着后人不要忘记历史，不要重蹈覆辙。

杜甫并没有一味地指责朝廷征战，也没有一味地反对征兵，因为杜甫心中明白，只有早日胜利，才是百姓摆脱苦海的唯一途径。在家与国之间，不是取舍，而是共存亡。

"三吏""三别"成为杜甫最为精彩的作品，也是杜甫诗歌走向巅峰的代表作，他的思想越发成熟，情感也越发浓郁。当他亲历了这些苦难，便成为这平凡世界的代言人，虽然没有冲到战场杀敌，但手中的笔成为他的武器，他与百姓始终站在一起，共同在战火中洗礼，携手走过硝烟弥漫的岁月，期待着光明重新降临这人间。

第六章

回归时·田舍清江曲，柴门古道旁

出走秦州

　　人的一生，是一场修行，每个人要经历不同的磨难，才能在这世上完整地走一遭。杜甫生在了动荡的时代，上天为他准备了一次不同寻常的生命旅程，他的生命需要在苦难中洗礼，他的光芒需要在流亡中绽放。

　　为官以来，杜甫过得并不算如意，左拾遗虽然是个靠近皇帝的官职，但是地位不高，最重要的是皇帝并不器重他，也没有真的希望从"左拾遗"那里得到些什么建议，所以杜甫这个职位形同虚设，没有报效国家，还险些惹来杀身之祸。

　　而司功参军更是没什么权力，地位卑微，眼看着百姓生活于水火之中，他这个官职低下朝廷官员束手无策，内心备受煎熬。

　　到华州第二年的夏天，关中遭受了严重的旱灾，颗粒无收，灾民四散。百姓无法安稳生活，局势随之动荡不安，官家对此毫无对策，杜甫对朝廷和大臣们失去了信心，他忧国忧民，咏叹国难民苦。

夏日叹

夏日出东北，陵天经中街。

朱光彻厚地，郁蒸何由开。

上苍久无雷，无乃号令乖。

雨降不濡物，良田起黄埃。

飞鸟苦热死，池鱼涸其泥。

万人尚流冗，举目唯蒿莱。

至今大河北，化作虎与豺。

浩荡想幽蓟，王师安在哉。

对食不能餐，我心殊未谐。

眇然贞观初，难与数子偕。

  太久没有打雷下雨，即使降雨也无法滋润万物，因为田地已经干得尘土飞扬。万民流离失所，田园一片荒芜。河北一带依然是被叛军占据，而朝廷这边，连官兵的影子都看不到，目睹此景忧心如焚，吃不下睡不着，感叹朝中没有贤臣良将，可以解救万民于水深火热之中。

  对比贞观之治，两代君王孰高孰低显而易见，唐肃宗身边的大臣无法与房玄龄、魏征等人相比，如此情形，让杜甫彻底失望了，他不再对那些身居高位的重臣抱以幻想。他们远在朝堂，衣食无忧，怎会知道底层人民的生活困苦。

  这个司功参军虽然算个官，但自己的温饱满足都很勉强，更谈不上对现实的改变了，有什么"再使风俗淳"可谈？曾经的理想抱负，在此刻看来都是镜花水月。因为之前上疏救房琯一事，乃杜甫"生平最大之事"。在此次事件中，杜甫成了被殃及的池鱼，在政治道路上没了出路，所以，他打算辞去这个令他既感愤怒更感绝望的职务。这次弃官是主动的，也是无奈之举。

那一刻，杜甫如释重负，虽然自己的求仕之路走了十多年，梦想逐步成真，但他并没有太多留恋。与其在朝堂之中浑浑噩噩度日，不如做回百姓，流浪江湖。

生活了十余年的长安城已经远去，多年的战争让杜甫无法回到老家洛阳，那里的亲人已不可寻，死的死，逃的逃。

杜甫不知道天下是否还有可以安居之地，只有不断寻找，不断前行，希望下一站会是心中的世外桃源。

唐肃宗乾元二年（759），四十八岁的杜甫弃官西去，携妻带儿，翻越重重陇坂（今关山），来到了有着几千年悠久历史的文化名城天水，在唐代称为秦州，属陇右道。

从秦汉开始，这里就是汉族和少数民族杂居的区域。再加上高大的陇山屏藩其间，对比兵火弥漫的关中和中原，秦州算是一块富足而宁静的土地。

秦州有亲朋。朋友即赞公和尚，亲人即侄儿杜佑。

与此同时，叛军从范阳引兵南下，攻陷汴州，西进洛阳，山东、河南等地都被卷入这场战争，杜甫的几个弟弟就分布在这些地方，杜甫与他们失去了联系。白露时节，戍楼上的更鼓声勾起了杜甫思念弟弟的伤感。

月夜忆舍弟

戍鼓断人行，边秋一雁声。

露从今夜白，月是故乡明。

有弟皆分散，无家问死生。

寄书长不达，况乃未休兵。

夜凉如水，月光千里，鼓声阵阵，远处又传来孤雁的哀鸣声，怎能让异乡的游子不想念亲人，想念家乡的那轮明月？有心写封家书，却不知该寄向何方，更不知道什么时候才能结束战争，亲人再次团聚。

在秦州，杜甫遇到了一位姓阮的隐士，他高节清风，处世淡然，《贻阮隐居》一诗描述了他的性格特征。

陈留风俗衰，人物世不数。

塞上得阮生，迥继先父祖。

贫知静者性，自益毛发古。

车马入邻家，蓬蒿翳环堵。

清诗近道要，识子用心苦。

寻我草径微，褰裳蹋寒雨。

更议居远村，避喧甘猛虎。

足明箕颍客，荣贵如粪土。

据传，阮隐士名为阮昉。杜甫在诗中感叹，今时今日的陈留没有往年人才多，阮隐士虽然远离了故乡，但仍然继承着阮氏先祖的遗风。阮隐士是一位超然恬静的白发老者，隐居在道路不通的山野之中，他的诗作清新深远。他不顾野兽侵袭的危险，选择在远离村庄、荒无人烟的地方修道，他视金钱如粪土，不为世俗所困扰。

并不富裕的他还曾救济过杜甫的生活，送他些韭菜作为食物，杜甫十分感动，别人有雪中送炭、雨中送伞，他有阮隐士送的韭菜充饥，这让杜甫一家十分满足。感激之余，杜甫写下《秋日阮隐居致薤三十束》。

隐者柴门内，畦蔬绕舍秋。

盈筐承露薤，不待致书求。

束比青刍色，圆齐玉箸头。

衰年关鬲冷，味暖并无忧。

杜甫欣赏阮隐士恬淡的心境，如此避世不争的生活也让他神往，领略过至高的荣华富贵，也体会过最卑微的颠沛流离，杜甫此刻多想隐居在远离人烟的山野之中，成为阮隐士一样超脱的人。

杜甫将秦州的见闻汇聚成了《秦州杂诗二十首》，其中有游览风光的，有感怀时事的，也有路遇趣闻的，"满目悲生事，因人作远游"。

侄儿杜佑住在东柯谷，得知杜甫来到秦州，作为晚辈的他带着一些粮食前来探望，叔侄两人相谈甚欢。杜甫对侄儿居住的地方十分向往，在侄儿的形容中，东柯谷是一个"对门藤盖瓦，映竹水穿沙。瘦地翻宜粟，阳坡可种瓜"的好地方。

经过这些年在仕途路上的摸爬滚打，杜甫意识到归隐才是最好的归宿，荣华富贵都是虚无，他更渴望自给自足的田园生活，也许东柯山谷会是理想中的"圣地"。

于是，杜甫打算长居东柯谷。东柯谷地区山水幽静、物产丰富，为了全家人的温饱，杜甫因地制宜，做起了草药生意。他平日上山采草药，在天气好的时候将草药晾晒在"仙人场"，再拿到集市上换成银两，以补家用。

有时，他还去镇上的私塾"客串"教书先生，在这里他的生活变得充实而又多姿多彩，随处可见他忙碌的身影。

至今当地还流传着"九股松，八股槐，白水涧，砚窝台，仙人场，逼水崖，杜甫淹留地，草堂建起来"的民谣。

"东柯好崖谷，不与众峰群。落日邀双鸟，晴天养片云。野人矜绝险，水竹会平分。采药吾将老，儿童未遣闻。"诗中的他，似乎过上了理想中的生活，静观夕阳落下，笑看云卷云舒，听着田间的虫鸣，感受远离纷争的生活。

尽管生活艰难，但杜甫依然喜欢寻踪古迹，《山寺》就是诗人在一个秋高气爽的日子，游览参观麦积山后乘兴而作。

野寺残僧少，山园细路高。

麝香眠石竹，鹦鹉啄金桃。

乱石通人过，悬崖置屋牢。

上方重阁晚，百里见秋毫。

诗中的麝香、鹦鹉还在怡然自得地生活，与这世间在苦难中挣扎的人们完全不同，僧人们或是征战，或是逃亡，留下这些动物与残寺相伴，倒也成就了一片祥和安静。

有了充足的时间，杜甫在秦州见到了旧友赞公。赞公居住在东柯向西约十里的西枝村，他之前在长安大云寺做过住持，那时曾收留杜甫在寺内小住了些日子，还赠送了丝细毛布。如今兜兜转转竟在秦州相见，杜甫感慨颇深，写下《宿赞公房》。

杖锡何来此？秋风已飒然。

雨荒深院菊？霜倒半池莲。

放逐宁违性？虚空不离禅。

相逢成夜宿，陇月向人圆。

秋雨打落了庭院的菊花，秋霜压倒了半池的莲花，看着秋景萧瑟，杜甫不由得感叹，朝廷纷争居然还会连累到高僧。

僧人被放逐，依然没有违背佛家心性，即使在荒山野外，依然没有放弃禅宗。再次与好友共宿，天上的月亮也投来明亮的光影。

杜甫初到秦州，心情尚好。他看到秦州山水美丽、气候宜人且物产丰盛，人情纯朴，心里萌生了久居秦州的念头，并将其想法向亲朋好友流露了出来。于是，开始寻找合适的地方置建个草堂。

西枝村是赞公推荐的地方，杜甫写下《西枝村寻置草堂地，夜宿赞公土室二首》："昨枉霞上作，盛论岩中趣。怡然共携手，恣意同远步"，记录当时的情形。

《寄赞上人》是杜甫用诗的形式给赞公写的一封信，信中表明了自己对卜居地的基本要求和与赞上人作邻往来的美好憧憬。

> 一昨陪锡杖，卜邻南山幽。
> 年侵腰脚衰，未便阴崖秋。
> 重冈北面起，竟日阳光留。
> 茅屋买兼土，斯焉心所求。
> 近闻西枝西，有谷杉黍稠。
> 亭午颇和暖，石田又足收。
> 当期塞雨干，宿昔齿疾瘳。
> 裴回虎穴上，面势龙泓头。
> 柴荆具茶茗，径路通林丘。
> 与子成二老，来往亦风流。

在天水西枝村继续寻找适合建造草堂的地方，杜甫心中理想之地应该是阳光充裕、气候宜人，但当时已经临近深秋，周围都是高大的杉树显得黯淡，不再郁郁葱葱，土地潮湿，露水很重，并不符合杜甫的要求。

既然找不到称心如意的地方，两人便回去休息，在松明灯下，两人烧水煮茶，促膝谈心，回忆往昔，感慨万千，几乎一夜未眠。杜甫与赞公志同道合，相谈甚欢，他多希望能快点找到合适的地方安家，好与赞公做邻居，到时候他在茅舍中准备好清茶，沿着小路去拜访赞公，往来走访，岂不快活？遗憾的是，杜甫最终并没有在这儿修建草堂，也没有留在西枝村。

杜甫在秦州的心境与在华州做司功参军时明显不同，可以从他的诗作中略知一二，"三吏""三别"后，杜甫又创作了类似风格的作品《佳人》，以一名被丈夫抛弃的佳人口吻，将悲惨遭遇娓娓道来。

绝代有佳人，幽居在空谷。
自云良家子，零落依草木。
关中昔丧乱，兄弟遭杀戮。
官高何足论，不得收骨肉。
世情恶衰歇，万事随转烛。
夫婿轻薄儿，新人美如玉。
合昏尚知时，鸳鸯不独宿。
但见新人笑，那闻旧人哭。
在山泉水清，出山泉水浊。
侍婢卖珠回，牵萝补茅屋。
摘花不插发，采柏动盈掬。

天寒翠袖薄，日暮倚修竹。

佳人生于乱世，居住在空荡荡的山谷之中，她出生于良家，战争让她漂泊无依。做官的兄弟在安史之乱中被杀，家道中落，夫家见此情形也嫌弃她，将她撵了出来。

世间之事太过于无常，犹如风中摇曳的烛光，结发丈夫都如此薄情，很快娶了貌美的新妇。花开百合，鸳鸯双栖，丈夫的眼中只见新人笑，不听旧人哭。佳人无依无靠，让侍女去把贴身首饰卖掉，再把破漏的茅草屋修补。

用不上鲜花装饰鬓发，代表坚贞的翠柏尽情采摘。瑟瑟寒风中，佳人衣衫单薄，日落黄昏后，佳人斜倚着青竹发呆。

诗中讲的是乱世佳人的凄惨遭遇，其实是在讲杜甫自己的故事。杜甫对待帝君忠心耿耿，即使遭遇重重困难，依然不忘初心，始终牵挂百姓安危。但命运就是这样的不公，如佳人一般，他也被朝廷抛弃了，给了个远离都城的官职。借佳人之口，讲述自己的遭遇，杜甫之哀怨可见一斑。

所以，杜甫希望自己也如诗中佳人一样，即使是遭遇了人生之大不幸，依然保持着高尚的情操，依然有着不屈不挠的追求，鲜花虽美，却不如翠柏脱俗，孤寂却不沉沦，清贫却不堕落，无论经历多少苦难，始终保持内心的纯贞。

陇右思故人

诗人多知己，因为饱满的灵魂渴望倾诉和交流，知音难觅，好友难寻，杜甫十分珍惜志同道合的好友，他们是杜甫贫瘠生命中最富有的部分，更是他艰苦岁月中难得的欢愉。流亡岁月里，故友和亲人是杜甫最大的牵挂，夜深时分，杜甫总会对着苍凉的月光思念他们，不知他们近况如何，是否也如自己一样饥寒交迫。

自天宝四载（745）与李白分开后，杜甫就再也没有和他见过面，他总是多方打探李白的消息，关心他走过什么地方，遇到什么事，安史之乱后是否安然无恙。

李白在至德二载（757）因曾参与永王李璘的幕府受到牵连，后下狱浔阳（今江西九江）。乾元元年（758）初，又被流放夜郎。乾元二年（759）二月，在三峡流放的途中遇赦放还，回到了江陵。

杜甫远在秦州听闻李白被流放，心中惦念，创作《梦李白二首》《天末怀李白》《寄李十二白二十韵》等作品寄托思念，后得知李白已经被赦还，才算放下心来。

"故人入我梦，明我长相忆。恐非平生魂，路远不可测。"杜甫在梦中都在担心李白的安危，死别的伤痛会随着时间消失，生离的悲伤却让人痛不欲生。李白流放的地方瘴疠肆虐，不知他是否身体康健。杜甫觉得李白一定是感受到他的牵挂，所以走入他的梦中相见。曾经的李白向往自由，纵情山水间，潇洒来去，犹如仙人不留恋凡间。如今却如囚笼之鸟，不能飞翔。梦醒时分，杜甫才发现冰凉的月光洒满了屋梁，梦里李白憔悴的面容让他更加忧虑。

远去的故人如天上的白云，徐徐飘远，相见无期，杜甫一次又一次地梦到李白，可见他对李白的深情厚谊。梦中的李白总是行色匆匆，还说相见不易。于江上航行，风大浪大，杜甫总担心李白的船会被浪打翻。出门时李白搔着一头白发，后悔自己辜负了平生的志向。都说公道天理不欺人，但已经迟暮之年还要受到牵连，李白何等无辜。"千秋万岁名，寂寞身后事"，就算是有流芳百世的美名，也无法弥补遭受过的冷落不公。

"凉风起天末，君子意如何？"秦州地处边塞，犹如就在天的尽头，每每凉风吹过，杜甫对李白的安危就多一丝担忧，鸿雁何时才能带来好友的消息？联想到李白的遭遇，杜甫觉得他可与屈原并提。

好友对于杜甫来说，是暗夜的光，是寒冬腊月的炭，是登山的扶手石，是孤岛上的长明灯塔。送给李白的诗太多太多，思念和牵挂在诗中得到释放，犹如一股清凉的泉水，流淌过那段烽火连天的枯涩岁月。他敬佩李白的才气，

"笔落惊风雨，诗成泣鬼神"，杜甫穷尽所有赞美之词赠予李白，这是诗人之间的惺惺相惜。

命运为何如此不公，让乱臣贼子在朝中享受荣华，却让赤子忠臣流浪在边塞之地。杜甫在感慨李白的遭遇，也在悲悯自己的经历，在这混乱的世界中，越来越迷失方向。有才华的人命运总是坎坷，杰出的诗文也总是在苦难中诞生。

经历了入仕出仕，再经历了饥寒交迫，杜甫感触颇多，更加思念曾经一起登高吟诗、对酒当歌的故友们，除了李白，还有郑虔、严武、贾至、高适、岑参等人，他们的名字都出现在杜甫这段时间的作品中，成为杜甫情感上一处温暖的寄托。

战争还未停止，硝烟仍在弥漫，心中牵挂，未曾放下。"一望幽燕隔，何时郡国开。东征健儿尽，羌笛暮吹哀。"无论是在东柯谷还是西枝村，杜甫都没有置身事外，始终记挂国家和百姓的安危。

秦州无法给诗人一块可以养家活口的向阳的坡地，也不能给诗人一间可以遮风挡雨的草屋。正在走投无路时，同谷县有位"佳主人"来信说，同谷可居，辞意恳切，好像曾经相识一般。杜甫又听说同谷一带的良田里出产薯蓣，可以充饥，山崖里有丰富的蜂蜜，竹林里有新鲜的冬笋。于是在乾元二年（759）年底，他决定离开秦州，举家南奔同谷，开启了下一个阶段的漂泊生活。

《别赞上人》是杜甫离开秦州时与好友告别的作品，两人曾多方寻找一个满意的卜居地，还憧憬可以做邻居，一起在这风光无限的美景中度过余生。可惜这个愿望没有达成，杜甫最终还是离开了西枝村，告别赞上人。

"百川日东流，客去亦不息。我生苦飘荡，何时有终极。"离别时刻，杜甫十分惆怅，一生之中到底有多少时间在漂泊，这种没有"根"的生活不知什么时候才是尽头，命运真是不公平。赞公在经历种种后，依然保持着出家人的平和心态，这让杜甫十分敬佩。波澜不惊、随遇而安是一种境界，赞公达到了，杜甫希望也能如此。

杜甫与赞上人都已年迈，分别之后杜甫希望彼此都能珍重，这次分别后不知何时还能再见，不能长久来往成为杜甫心中的遗憾。就带着这份遗憾上路吧，每一次启程都要面对未知，前途未卜、漂泊的生活犹如水上的树叶，只能随着流水浮浮沉沉，逃不开命运的旋涡。

秦州期间，九十多天里，九十多首诗。诗像一艘方舟，承载着杜甫的感情，记录着他的生活，让我们时隔千年依然能够了解他的彼时经历。

陇右上空飞凤凰

前途漫漫，究竟在什么地方停歇，杜甫并不知晓，犹如这在战火中残喘的国家，不知何时才能重新安定。未知的旅途，犹如等待黎明的暗夜，不止杜甫一家人在流亡的路上，整个国家的子民都在生死边缘挣扎。

看多了生离死别，杜甫多渴望能够寻得一处"桃源"之地，躲开这世间的纷纷扰扰，只需日出而作、日落而息，耕田织布便是生活。而理想犹如蓬莱仙境，看似美好，伸手却无法触及。杜甫不愿放弃，现实也不允许他继续妥协，所以杜甫再次踏上漂泊之路。

杜甫从秦州出发，途经赤谷、铁堂峡、盐井、寒峡、法镜寺、青羊峡、龙门镇、石龛、积草岭等地，到达同谷县。按照路线顺序他创作了十二首纪行诗。《发秦州》是其中第一首，也可以称其为序诗，他也在这首诗里简单解释了离开秦州的原因。

"此邦俯要冲，实恐人事稠。应接非本性，登临未销忧。溪谷无异石，塞田始微收。岂复慰老夫，惘然难久留。"秦州地处交通要道，所以难免要应酬一些人情事理，但实际是不得已而为之。没有壮丽的山水风景可以消遣，小溪山谷也没有瑰丽的怪石，种田收入也很少，所以怎能使杜甫安心留下来，失意之下决定离开秦州。"中宵驱车去，饮马寒塘流。"十月的一个夜里，杜甫一家踏上行程，去往下一站。

漂泊在外，处处不是家，但也处处都是家，回想在朝中当官的日子，杜甫发出感慨："唐尧真自圣，野老复何知？"

杜甫先是到了赤谷，"山深苦多风，落日童稚饥。悄然村墟迥，烟火何由追"。投宿在一户当地的农家，相传这里就是陶渊明笔下的桃花源。

赤谷西崦人家

跻险不自喧，出郊已清目。

溪回日气暖，径转山田熟。

鸟雀依茅茨，藩篱带松菊。

如行武陵暮，欲问桃花宿。

在秋天的每一个清晨，他都会背上药篓，手提一把锄头，走在崎岖的山路上挖药采药。每一次踏进荒郊野外，心头没有了为生存而发愁的烦恼，看到美丽的秋野使他心情明快。山脚下溪水如链，小路如蛇。金灿灿的庄稼地里，鸟雀飞来飞去，有时落在小路旁的茅草上，有时栖在荆棘上。走着走着，山野里会出现一户人家，茅屋草舍，轻掩的柴门，似乎都在不经意地迎接着客人的到来。心灵恍若走进了陶渊明笔下的桃花源里。

就这样一路走，一路作诗，文字记录下此番行程的见闻，每一处都留下了杜甫的足迹。

"卜居尚百里，休驾投诸彦。邑有佳主人，情如已会面。"历经千辛万苦，杜甫一家终于到了同谷界内，投宿在了主人家，诗中的"佳主人"是邀请杜甫来同谷的李、韦等朋友，还有许多当地仰慕杜甫文采的儒生，他们热情地欢迎心中偶像的到来。还有人说"佳主人"是当地的县令，承诺会在生活上帮助杜甫，邀请他到同谷安家。

同谷县会是杜甫的栖息地吗？会是他心中的桃花源吗？

第一站，杜甫到达了同谷西七十里的龙门镇，"石门雪云隘，古镇峰峦集。旌竿暮惨澹，风水白刃涩"，从龙门镇开始，杜甫几乎一日一行程，一程一首诗，这些作品记录了杜甫长途跋涉的辛苦，还有一路上遇到的景色和发生故事。

接着又沿崎岖的山路向东北方向的石龛辗转跋涉，从石龛继续北上，又经过积草岭、泥功山，最后到达同谷县东南飞龙峡口的凤凰村。

杜甫一家在凤凰山麓的飞龙峡口搭建了简陋的茅房以避风雨，"七龄思即壮，开口咏凤凰"的杜甫选择这里，也许是故意而为之，百鸟之王的凤凰有着高洁的品质，还有不屈的精神，浴火涅槃后重生。杜甫选择这里，多希望他经历了这么多的历练，也可以如凤凰一般涅槃，拥有灿烂和辉煌。

"亭亭凤凰台，北对西康州。西伯今寂寞，凤声亦悠悠。"住在这里，仿佛可以听到凤鸣之音，也许这就是吉祥之兆，杜甫向凤凰祈求，只要可以早日结束战争，百姓可以回归安定祥和的生活，他可以如凤凰般奉献自己，他愿用命来换取国泰民安。所以有人评价他和《凤凰台》这首诗是"不惜此身颠沛，但期国运中兴。刳心沥血，兴会淋漓，为十二诗意外之结局也"。

隆冬季节，大雪封山，全家饥寒交迫，生活辛酸悲苦，《乾元二年寓居同谷县作歌七首》记述了杜甫一家初到同谷一个多月时间里的惨淡生活。

"有客有客字子美，白头乱发垂过耳。岁拾橡栗随狙公，天寒日暮山谷里。"杜甫此时已是鹤骨鸡肤，头发蓬乱过耳，老态龙钟，终日跟在山野的猴子后面捡橡树籽充饥，天寒地冻，饥寒交迫，手脚都冻伤，凛冽的寒风也吹个不停。

诗人拿着木棍，身上的衣服再怎么拉扯也盖不住小腿，山上大雪覆盖找不到黄精苗，空手而归却听到家里人饿得呻吟。三个弟弟在远方应该也过得不易，经历了这么多生死劫难，想相见更加艰难。还有个妹妹在钟离，丈夫早早去世，留下年幼的儿女，想去乘船探望，却因战乱难出行。

杜甫将他的悲伤写入七首诗中，也许是因为"长歌可以当哭"，他感叹男子汉如果没有成名，就会很快老去，感叹着自己苦难的经历。

《空囊》将贫苦的生活状态刻画得更为生动。

> 翠柏苦犹食，晨霞高可餐。
> 世人共卤莽，吾道属艰难。
> 不爨井晨冻，无衣床夜寒。
> 囊空恐羞涩，留得一钱看。

虽然翠柏味道很苦，但是还可以当作食物填饱肚子。这个世上的人大多数都在苟且偷生，所以持节守道更加艰难。早晨冷得开不了火，井水也冻成冰块，没有御寒的衣服，夜里冻得发抖。钱袋子空空如也让人笑话，袋子里还是应该留下一文钱。穷困至此，杜甫还不忘自嘲一番，可谓是无奈的幽默。

这一年，杜甫经历了前所未有的考验，也是在这一年，他的诗歌成就到达巅峰。苦难成为他的导师，带着他经历了人间最残酷的历练，最终成为中国文明史上最闪耀的一颗星。

冯至曾在《杜甫传》里说："在杜甫的一生，759 年是他最艰苦的一年，可是他这一年的创作，尤其是'三吏''三别'以及陇右诗的一部分诗，却达到最高的成就。"朱润东也曾在《杜甫叙论》中说："乾元二年是一座大关，在这以前杜甫的诗还没有超过唐代的其他诗人，在这年以后，唐代的诗人便很少有超过杜甫的了。"

陇右的经历对于杜甫来说十分特殊，人们称他为秦州上空的凤凰，在甘肃地界生活的半年，成为人们研究杜甫诗歌的重要时段。也是因为杜甫，陇右在唐代历史上才有了身影。

陇右成就了杜甫，杜甫也成就了陇右。为了纪念杜甫在陇右的这段经历，人们在陇右为杜甫修建了九处祠堂，都是杜甫曾经到访的地方。还有那副评价颇高的楹联："唐室只今无寸土；草堂终古属先生。"

如今在秦州西北天靖山麓的玉泉观里，有一处明代中期修建的李杜祠，即同时纪念李白与杜甫的祠堂。

遗憾的是李杜祠大部分建筑已在岁月中毁于地震或是战争，但如今仍是当地最具人文气质和文化底蕴的所在，吸引唐诗追随者前去拜访，感受李杜同在的历史氛围。

祠堂中曾有一个"二妙轩碑"，是清代著名诗人，时任秦州金事宋琬在重修震后的玉泉观时所刻，其取杜甫在秦州的诗作，集王羲之、王献之的书法，镌名人刻石 34 块。只可惜石碑仅保存百年左右，就因为天灾人祸而四散，只留下一些拓片存世，后重新刻碑石放在了南郭寺内。"诗兴文心，二分山色三分水；工部学士，五斗功名八斗才。"这副李杜祠的楹联便是后人对李杜二人一生的总结，也是历史对他们一生的肯定。

岁月犹如大浪淘沙，一次又一次地冲洗着微小的生命。多少名字随着时间消逝，留下的，消失的，最终组成了一个时代。"国家不幸诗家幸",那些不幸凝成的不朽诗歌成为遗憾中的慰藉,伴随着历史的变迁。杜甫的不幸变成了一首首经典的诗歌,化作一颗颗种子,在陇右的大地上播撒,成为这一方土地上不可多得的文化瑰宝。

就在这一年的十二月一日,四十八岁的杜甫从同谷取道东南,历当房村,经木皮岭,渡白水峡,又开始了向西蜀重镇成都府的艰苦跋涉。

在同谷的一个多月里,杜甫结交了许多好友,当他离开时好友也来送别。"临岐别数子,握手泪再滴",战争时期,人们都在为生存挣扎,分离更加悲伤,因为不知何时才能再见,抑或再也不见。

同上次一样,杜甫沿途创作了十二首纪行诗,《发同谷县》是第一首。

"始来兹山中,休驾喜地僻。奈何迫物累,一岁四行役!"杜甫这一年从洛阳到华州,再由华州到秦州,十月从秦州再到同谷,如今又要从同谷去往成都,一年之内四次出行,杜甫称其为"行役",可想而知过程犹如服役一般,太多的无可奈何在其中。

他在《木皮岭》的开篇写道:"首路栗亭西,尚想凤凰村。季冬携童稚,辛苦赴蜀门。"踏上远行之路,仍想念凤凰村,虽然这段时间的生活并不富足,但仍有着难忘的回忆,曾经渴望纵情山水间,享受天高海阔的自由,如今到了知天命的年纪,开始渴望安定的生活。一家人在一起,广厦千尺不如草堂一间。

从同谷到成都，杜甫走了一年时间。"黄独无苗山雪盛"，腊月里，冰天雪地，寒风呼啸，沿途多是荒凉萧条的场景。

　　陇右的生涯结束了，寒冷的乾元二年（759）也在杜甫的身后慢慢淡去，春天就要来了，万物即将复苏，那枝头的梅花挺过了极寒的腊月，准备迎接即将到来的温暖。一年的时间里，他们走过几十个地方，却没有找到适合安家之地，战争之年，温饱都不能维持的地方不适合落脚，所以他们还要继续走下去，为了生存，为了不确定的明天。

第七章

守草堂·暂止飞鸟将数子，

频来语燕定新巢

长居蜀国，草堂安身

"国破山河在"，诗人的眼睛总是能发现别样的风景，即使是在逃难的路上，杜甫依然坚持着创作诗歌。"诗是吾家事"，杜甫早已与他的诗融为一体，每到一处便有佳作，这是杜甫独特的日记方式。

翻过木皮岭，横渡嘉陵江，杜甫写下《白沙渡》和《水会渡》，之后是《飞仙阁》《五盘》，记录一家人度过五盘岭栈道的经历，"五盘虽云险，山色佳有余"。有人说杜甫是悲情的，他的诗歌总有一股强烈的感情掺杂其中，这种情感不是儿女私情，而是国家大爱。但他绝不是仅限于此，杜甫也是浪漫的，即使在吃不饱穿不暖的情况下，仍陶醉在山色之中，没有丢弃对生活的热情。

龙门阁、石柜阁都是险峻路程，还有随后到达的剑门关更是以险著称。

剑门关因其险峻，享有"剑门天下雄，剑门天下险""天下第一关""西蜀门户"等称号。唐代诗人李白的《蜀道难》里"剑阁峥嵘而崔嵬，一夫当关，万夫莫开"的赞誉，更让剑门关名扬天下。杜甫在《剑门》中，描述了壮观的场景，山石犹如被利剑劈开，山山相连，犹如将整个西南拢在怀里。"一夫怒临关，百万未可傍"，真是有一夫当关，万夫莫开的阵势。

"并吞与割据，极力不相让。吾将罪真宰，意欲铲叠嶂。恐此复偶然，临风默惆怅。"不久以后，这里果真发生了战乱，段子璋、徐知道等人在此处发动叛乱。杜甫再一次成为"预言家"，犹如他预见唐朝的盛世不久一样。

过了剑门关，就是蜀地了，在《鹿头山》中，可以体会到杜甫当时轻松的心情。

鹿头何亭亭，是日慰饥渴。

连山西南断，俯见千里豁。

游子出京华，剑门不可越。

及兹险阻尽，始喜原野阔。

再往鹿头山南向一百五十里就是触手可及的成都了，杜甫顿时觉得脚步都轻快了许多，旅途也没那么艰辛了。

在腊月底的一个傍晚，经过一个月的长途跋涉后，杜甫一家终于到达了成都。

《成都府》记录了他到达成都时的心情，"翳翳桑榆日，照我征衣裳。我行山川异，忽在天一方。但逢新人民，未卜见故乡。大江东流去，游子去日长"。黄昏时分，暮色苍苍，夕阳余晖照着杜甫的破衣裳。走过山川异峰，跨过大江大河，仿佛突然就来到了天的另一方。只是眼前人都是陌生的，不知何时才能再见故乡，大江水东流而去，作为游子流浪他乡的日子恐怕会很长。

"曾城填华屋，季冬树木苍。喧然名都会，吹箫间笙簧。"成都真是个繁华的都市啊，高楼林立，树木苍苍，人声鼎沸，到处都是吹拉弹唱的声音，处处可见歌舞升平。"信美无与适，侧身望川梁。鸟雀夜各归，中原杳茫茫。初月出不高，众星尚争光。自古有羁旅，我何苦哀伤。"看惯了流离失所和饥寒交迫的杜甫，最初并不适应这种生活，总是侧身眺望着远方的高山。夜幕降临，众鸟归巢，远方的中原地区不知战火是否停歇，月亮初升，繁星闪烁，客居他乡自古有之，杜甫也就不再独自哀伤了。

杜甫一家住在成都城西七里浣花溪边的草堂寺，这可能得益于他在《鹿头山》里写过"仗钺非老臣，宣风岂专达。冀公柱石姿，论道邦国活。斯人亦何幸，公镇逾岁月"的诗句。诗中的冀公指的是裴冕，时任成都府尹、剑南川西节度使，他在成都府可是响当当的人物，杜甫称其为朝廷柱石。不仅如此，他满腹经纶，才华横溢，蜀地百姓得到这样官员的守护，是人们值得庆幸的事。

这结尾几句诗似向裴冕打招呼，也有干谒之意。后来可知，杜甫这番心思起了作用，到了成都城，就有人为他安排好了住处、送来了粮食用品，就连邻居也都送来蔬菜。

浣花溪畔的生活就这样开始了，杜甫在这里生活的四年多时间，得到了裴冕等好友的诸多照顾。

在成都过了一年，时代迎来了新的年号——上元。短暂的休整之后，杜甫也熟悉了成都这个地方，这里民风淳朴，气候宜人，他决定在此处建造草堂，安家落户。

杜甫的草堂就坐落在浣花溪畔，他喜欢这里的清幽淡然。如今，浮萍般的狼狈日子终于可以告一段落了，他可以卸下疲惫，让灵魂和身体都能得到舒展。《卜居》是杜甫这段时间的作品，他终于过上了避俗野居的生活，喜不自胜。

浣花流水水西头，主人为卜林塘幽。
已知出郭少尘事，更有澄江销客愁。
无数蜻蜓齐上下，一双鸂鶒对沉浮。
东行万里堪乘兴，须向山阴上小舟。

文中的主人为杜甫选好了草堂的位置，就在浣花溪水流的上游，这里有树林池塘，风景优美，适合建草堂。

杜甫喜欢在城外的僻静之所卜居，这里还有清澈的江水，可以洗去心中客留他乡的哀愁。数不清的蜻蜓在天地间飞舞，鸳鸯成双成对在溪水中嬉戏。兴起之时可以东行万里，如果想前往山阴，顺水乘舟就可以到达。

浣花溪是个环境幽美的地方，有人也称它为百花潭，春风送暖，这里陆续开满各种花朵，犹如童话中花的海洋。浣花溪因杜甫而闻名，杜甫在这里创作了太多经典名作，茅庐、小溪成为画中的点缀，竹林、小桥成为别致的风景。杜甫对这个选址十分满意，不再像秦州那般存有遗憾。

远离都市的喧嚣，虽然没有住在深山老林，杜甫也觉得自己犹归隐一般恬静，焦虑的心情放松了许多。至于文中的"主人"是谁众说纷纭，有人说是裴冕，也有人说是杜甫自谓，无论是谁，都可从诗中感受到杜甫当下的满足。

建造草堂也得到了许多人的帮助，陶开虞曰："初营成都草堂，有裴、严二中丞，高使君为之主；有徐卿，萧、何、韦三明府为之圃；有王录事、王十五司马为之营修。大官遣骑，亲朋展力，客居正复不寂寥也。"

初营草堂时，杜甫写有《王十五司马弟出郭相访兼遗营草堂资》，这位名为王十五的表弟资助了杜甫，让他十分感动，在他乡与亲人相见，格外令人动容，"他乡唯表弟，还往莫辞遥"。希望与表弟能够常来往，以解孤独的乡愁。

建造草堂还需要一些绿植装点，但杜甫又囊中羞涩，所以他又提起笔来，写下《从韦二明府续处觅绵竹》，向好友绵竹县令韦续求助，这首诗便是一封信，很快就收到韦续赠送的绵竹一丛，将它种在了草堂之中。这丛象征着友谊的绵竹一种便是千年，直到现在依然存活于杜甫草堂，与杜甫的诗一样，历经沧桑，千古流传。

杜甫十分用心地布置成都草堂，一草一木都费了心思，辗转多年，终于有了个心仪的安心之地，怎么能不珍惜呢？为了让草堂更符合心中的想法，杜甫还从何邕那里要来百余株桤树苗，从韦班处要来了几棵松树，从徐知道那里要来果树，分别种植在草堂的四周，时任彭州刺史的高适和成都府尹严武也分别给予了帮助。

草堂浮生，暂且停留的时光

　　家对于中国人来说，有着极为特殊的含义，几千年来，人们都在为"家"奋斗着。

　　杜甫离开故乡好多年，那里已经没有了他的家，所以他始终觉得心灵在漂泊，似无足的鸟，只能不停歇地一直飞。来到成都后，他决定在这里寓居，虽然这里并不是故乡，但却拥有他想要的平淡。

　　前后用了近三个月时间，草堂终于在杜甫到来的第一个春天落成了，各种树木在新家都抽出了枝芽，淡绿色围绕着白茅盖顶的草堂，成为一幅美丽的春光图。

　　草堂是杜甫满意的作品，他不吝赞美之词，将草堂每一个动人的细节都写进诗歌当中。"榉柳枝枝弱，枇杷树树香""红人桃花嫩，青归柳叶新""鸬鹚西日照，晒翅满鱼梁""细雨鱼儿出，微风燕子斜"……优美的诗句不胜枚举，杜甫犹如大自然的画师，将一时一刻的美妙都记录下来。诗人也是多情的，他的情系在万物之上，所以他的文字渗透草堂周边每个角落。

草堂不但有着茂密的绿植，还有文人雅士所赠的书画。韦偃是当时著名画家，他善画鞍马，堪称一绝。两人在长安时有过来往，甚为投缘。这一天，韦偃来到草堂与杜甫道别，因为他要去别处谋生，临行前，韦偃便送给杜甫一幅画，这幅画没有画在纸上，而是画在了草堂东墙的墙壁之上。

杜甫感动之余，写下了《题壁画马歌》：

> 韦侯别我有所适，知我怜君画无敌。
> 戏拈秃笔扫骅骝，欻见骐骥出东壁。
> 一匹龁草一匹嘶，坐看千里当霜蹄。
> 时危安得真致此，与人同生亦同死。

两匹骏马，一匹在吃草，一匹在嘶鸣，坐在草堂看着它们，仿佛跟着它们跑过了千里路。时局如此危险，真想像两匹骏马一样，与国家同生共死，永不相弃。

看着有模有样的新家，杜甫心中升起一份幸福感，这种感觉与功名财富毫无关系，是心灵流浪太久终于可以停靠的踏实感，《堂成》就是表达了杜甫的这份心情。

> 背郭堂成荫白茅，缘江路熟俯青郊。
> 桤林碍日吟风叶，笼竹和烟滴露梢。
> 暂止飞乌将数子，频来语燕定新巢。
> 旁人错比扬雄宅，懒惰无心作解嘲。

草堂落成，乌鸦便领着小鸟聚集于此，燕子也来这里筑巢，桤林茂密，凤尾森森，莺歌燕舞，这里成了"世外桃源"般的存在。旁人把这草堂比成扬雄的草玄堂，杜甫自嘲是个懒惰之人，无心像扬雄一样作《解嘲》文章。

　　杜甫曾几次提及扬雄，扬雄是西汉末年著名的大学者，博览群书，长于辞赋。他的宅子坐落在成都少城西南角。早年间，扬雄曾经闭门抄写《太玄经》，有人因此嘲笑他，他便写下《解嘲》一文。扬雄是蜀人，杜甫来到成都自然会想起他，他的"草玄堂"还出现在其他著名的诗句中，在刘禹锡《陋室铭》中有："南阳诸葛庐，西蜀子云亭。"孔子云："何陋之有？"

　　草堂建成之后，杜甫过上了相对安稳的生活，看似简单的需求，杜甫却为此付出了太多。在动荡的年代，安居成为一种奢望，想到曾经经历过的种种，再看看眼前玩耍的孩子，杜甫心生感叹，写下《江村》。

　　　　清江一曲抱村流，长夏江村事事幽。
　　　　自去自来堂上燕，相亲相近水中鸥。
　　　　老妻画纸为棋局，稚子敲针作钓钩。
　　　　但有故人供禄米，微躯此外更何求。

　　长长的夏日里，草堂周围的一切都显得格外幽静，清澈的江水缓缓流淌，环抱着整个村子。梁上的燕子自由地飞来飞去，水中的白鸥也亲昵地互相依偎。

妻子在纸上画了个棋盘用来取乐，孩子用针做成鱼钩。这种生活是惬意的，只要有老朋友还能送些米钱，他就再也没有其他奢求了。杨氏跟随杜甫已经二十年，曾经的司农少卿之女，如今过着用纸做棋盘的生活，这种落差令人唏嘘。杨氏却自得其乐，这也与杜甫的胸怀有关，多年过去，夫妻早就成为一体，有福可以同享，有难自然是要同当。

战争后的安宁更加可贵，经历了死亡和分别，人们更容易满足现状，那是生活给予的无奈，只要亲人在旁，杜甫就觉得安心和满足。在这幅画卷中，没有了战火和硝烟，也没有征夫和老残，只有妻儿和风景，还有言语间透露出来的欣然和安慰。

成都的美景让杜甫沉醉，它有着独特的魅力，与之前杜甫所到过的地方都有些不同，他在这个时期创作了许多关于成都风景的作品。

梅 雨

南京犀浦道，四月熟黄梅。

湛湛长江去，冥冥细雨来。

茅茨疏易湿，云雾密难开。

竟日蛟龙喜，盘涡与岸回。

眼前的美景让壮美和婉约融合在了一起，细雨迷蒙之间，是绝美的春色盎然画面。河中仿佛整日都有蛟龙在嬉戏一般，旋涡不断打到岸边。

杜甫笔下的四月成都是如此的美，春水盈盈，一派浩渺，美景即是美心。《江涨》《田舍》《野老》《云山》《遣兴》《遣愁》等作品都是杜甫在这个时期创作的，他游览了成都周围的景致，领略了蜀国独特的风光。

在游览诸葛武侯祠时，杜甫写下一首咏史怀古诗——《蜀相》，顿挫豪迈，气贯古今，成为杜甫的经典之作。

> 丞相祠堂何处寻，锦官城外柏森森。
> 映阶碧草自春色，隔叶黄鹂空好音。
> 三顾频烦天下计，两朝开济老臣心。
> 出师未捷身先死，长使英雄泪满襟。

《蜀相》写的是三国时期蜀汉丞相诸葛亮，锦城官外的翠柏郁郁葱葱，让武侯祠都难以找到。碧草与台阶相映，成就一片春色，黄鹂鸟在树叶中歌唱。

刘备三顾茅庐向诸葛亮请教，之后才有辅佐先主开国，后又辅佐后主继业。可惜诸葛亮出师征战病死在军中，古今英雄为此感伤，泪洒胸襟。

此时安史之乱还未结束，来成都这一路杜甫感受到了什么叫作"生灵涂炭"，他多想为百姓、为国家做些什么，但他知道自己什么都做不了，报国无门的无力感席卷了杜甫，将他的热情扑灭。这泪不单是为了诸葛亮而流，在看到曾经辅佐贤主、挽救时局的诸葛亮时，他也为自己洒下热泪。这最后两句诗也成为传世名句，后人为之感动，口口相传。

家舍已成，杜甫便开始了园田生活。日出而作，日落而息，开垦菜园，播种耕地。他与左右邻居也渐渐熟悉起来，《北邻》《南邻》分别是写他的两位邻居。北边的邻居是一位辞官隐居的县令，南邻是一位自称"朱山人"的隐士。

北　邻

明府岂辞满，藏身方告劳。

青钱买野竹，白帻岸江皋。

爱酒晋山简，能诗何水曹。

时来访老疾，步屟到蓬蒿。

南　邻

锦里先生乌角巾，园收芋栗未全贫。

惯看宾客儿童喜，得食阶除鸟雀驯。

秋水才深四五尺，野航恰受两三人。

白沙翠竹江村暮，相对柴门月色新。

杜甫与这位"朱山人"颇为投缘，他还曾羡慕"朱山人"每年都可以收获大量的芋头和板栗，日子过得比他要轻松许多。之后还写过《过南邻朱山人水亭》，这位头戴黑色方巾的邻居，成为杜甫在成都结交的好友。

落魄的文人结交的也都是些不太"春风得意"的人，还有一位酒友叫斛斯融，他靠给人写墓碑为生，工钱不多，还总讨不到，只能和杜甫对饮浇愁，杜甫为他写下《闻斛斯六官未归》。

邻居中还有一位被称为黄四娘的人，她出现在杜甫《江畔独步寻花》中：

> 黄四娘家花满蹊，千朵万朵压枝低。
> 留连戏蝶时时舞，自在娇莺恰恰啼。

闲暇时间，还能去邻居家赏赏花、戏戏蝶，也是人生一大美事。

草堂虽然远在浣花溪边，但是客人却不少，除了左右邻居，还有达官贵人、有志青年，他们仰慕杜甫的才华，慕名而来。

诗如人生，人生如诗，杜甫的人生没有积累下什么物质财富，却留下了了不可复制的文化宝藏，他的作品古往今来一直不乏追随者。杜甫却是个自谦的人，"岂有文章惊海内，漫劳车马驻江干"。有人来拜访他，他却有些惭愧，认为自己的诗并没有震惊海内，怎么能劳烦众人来看望他。

新朋不断，旧友也时常联系，杜甫的生活变得丰富起来。与老乡喝酒，与邻居聊天，去山上赏风景，去水边看捕鱼，这种生活在此之前已经离他好远，如今仿佛在慢慢找回来。

　　杜甫没有什么收入，大多数时间都是求助老友。在好友的帮助下，获得了短暂的安稳生活，恍然间似乎觉得战火已远。杜甫开始半归隐的生活，他甚至想余生只靠种田为生，简简单单生活下去。

　　回想为仕途奔走的十余年时光，杜甫如今只想与田地为伴，失望的心境可想而知。

为　农

锦里烟尘外，江村八九家。

圆荷浮小叶，细麦落轻花。

卜宅从兹老，为农去国赊。

远惭句漏令，不得问丹砂。

　　成都没有战火的烟尘，他居住的地方只有几户人家，住在这样的地方，让人不想再去理会国家纷争，更不想去寻仙求道，只想过男耕女织的安定生活。

　　虽然杜甫嘴上说不想再问政事，但在他内心深处，从未停止忧国忧民。《病柏》《病橘》《枯棕》《枯楠》等诗都是杜甫成都时期的作品，这些借物抒情的作品都在讲述当时社会的状态，朝廷病了，整个社会都病了，杜甫想到受灾受难的百姓，一声长长的叹息穿过无边寂静的夜。

　　上元二年（761），被生活所迫，杜甫不得不充当幕府，仰人鼻息来换取一些收入。

百忧集行

忆年十五心尚孩，健如黄犊走复来。

庭前八月梨枣熟，一日上树能千回。

即今倏忽已五十，坐卧只多少行立。

强将笑语供主人，悲见生涯百忧集。

入门依旧四壁空，老妻睹我颜色同。

痴儿未知父子礼，叫怒索饭啼门东。

　　杜甫已过"知天命"的年纪，他时常回忆起年少十四五时的自己，无忧无虑，身体强健，每天都有用不完的力气，真是朝气蓬勃的少年。

　　还记得庭院里梨枣成熟时，他一天爬上爬下上千回。如今年老体衰，行动诸多不便，每天都是坐卧多、行走少。一生傲气，不甘俯首低，到老时却勉作笑语，逢迎主人。想到这里便悲从中来，满心伤感。

　　回到草堂，推开家门，依然家徒四壁，没有余粮，一贫如洗。妻子与他相对无言，满脸愁容。只有年幼无知、饥肠辘辘的孩子，对着厨房大声喊叫要饭吃，此情此景刺痛了杜甫已经苍老的心。

　　此篇诗作如他在《进雕赋表》中所说，"沉郁顿挫"，回旋激荡，悲愤万千，让人读后久久不能平息。为五斗米折腰，是文人们最为无奈的事。所以除了充当幕府之外，杜甫还为唐兴县令王潜作《唐兴县客馆记》，换来一些收入，这才勉强度日。

其他的时间里，杜甫如他在《为农》中所言，亲自耕种，种菜养花，称得上半个农夫，所以靠天吃饭的他有感而发创作了《春夜喜雨》。

> 好雨知时节，当春乃发生。
> 随风潜入夜，润物细无声。
> 野径云俱黑，江船火独明。
> 晓看红湿处，花重锦官城。

每次读这首诗，都能想象到杜甫听着淅沥沥的春雨声时，脸上露出的淡淡微笑。春雨贵如油，种田的人最渴望春天来临的及时雨，那雨象征着希望。

好雨会挑选好合适的时机，在春天到来的时刻降临。雨滴伴随着春风，悄悄地潜入黑夜之中，滋润万物。田野间的小路被乌云笼罩着，黑漆漆的江上只有渔船上的灯火闪着微光。明早再看被雨水和露水打湿的花瓣，成都城必定繁花盛开，一片春光。

这场让人喜悦的雨在杜甫的笔下有了灵性，它选择在人们期盼的时间到来，成为让农民欣喜的"好雨"。这充满灵性的春雨还有更宝贵的品质，它默默滋润着万物，不张扬，不喧闹。杜甫也愿做那不喧闹的人，即使在风潮汹涌处，也能静看潮起潮落。

杜甫在黑漆漆的夜色中感受着春雨，享受着自然对人类无私的馈赠，这一刻是农夫与雨神的对话，与功名利禄无关，与政治纷争无关，与生离死别也无关。所以，这一刻的杜甫是平和的，春雨也滋润了他干枯的灵魂，让他在这个雨夜中做回梦想充盈的人。

"花径不曾缘客扫，蓬门今始为君开。"即使生活条件没有太多改善，杜甫的灵魂已经得到满足，每日耕种打扫，在草堂等待好友们的光临，成为时光中最快乐的部分。

草堂时期的作品是轻快的，是拥有色彩的，如他在这一年创作的《江上值水如海势聊短述》中所写："为人性僻耽佳句，语不惊人死不休。老去诗篇浑漫兴，春来花鸟莫深愁。"平生最喜欢仔细琢磨好的诗句，写出来的作品如果不能惊人决不罢休。随着年纪越来越老，写诗却好像是随随便便就完成，看着春天的花和鸟，没有了曾经的那些深深的忧愁。

忠君忧国，伤时念乱

　　杜甫被冠以"爱国诗人"的称号，是因为他的作品中处处体现着对天下事的关切，对普通百姓的关怀。所以他的作品流露的是大爱，是一个普通人超凡的境界。

　　杜甫来到成都的第二年，朝廷与叛军之间的纷争还没有停歇，在上元二年（761），梓州刺史段子璋叛乱，举兵在绵州突袭东川节度使李奂，自称梁王。五月，成都府尹崔光远部将花敬定带兵攻克绵州，斩杀了段子璋，立下大功。

　　但花敬定是一个居功自傲的人，他自恃有功，开始在东川肆意掠夺，无恶不作。看到大街上有妇人戴着首饰，他就命手下砍断妇人的手腕把首饰抢夺过来，一时间东川被鲜血染红，无辜死伤者成千上万。

　　中国古代，礼仪制度极为严格，即使音乐，亦有分明的等级界限。立了功的花敬定目无朝廷，举办宴会的时候，置朝廷的法度于不顾，私自使用天子才能用的乐曲。杜甫得知这些，用戏谑语气写下《戏作花卿歌》《赠花卿》，调侃骄傲自大的花敬定。

《赠花卿》明扬暗讽了花敬定的行为。"此曲只应天上有，人间能得几回闻？"如此美妙的天籁之音，人世间的寻常百姓能听过几回呢？如欣赏乐曲一样，品诗也要品它的"弦外之音"。

同样，《戏作花卿歌》表面上夸奖花卿的勇猛剽悍，杀贼有功，实则表明，在平定叛乱后，不应留在当地滋乱，"李侯重有此节度，人道我卿绝世无。既称绝世无，天子何不唤取守京都"。

外界纷纷扰扰，战争不断，成都也只是暂时的净土，杜甫很珍惜这份来之不易的平静。好友高适曾经代理过成都府尹一段时间，他也是草堂的座上宾。初到成都时，高适得知杜甫住在草堂寺，便寄诗《赠杜二拾遗》以示关心，杜甫则答诗《酬高使君相赠》。文人之间的交流总是风雅的，你来我往之间皆是以诗歌寄情。

裴冕的离开，也意味着断了资助，杜甫的生活一落千丈，进入窘境，实在是没有什么经济来源，就给高适写了一首《因崔五侍御寄高彭州一绝》，向其求助："百年已过半，秋至转饥寒。为问彭州牧，何时救急难。"没有过多寒暄客套，而是简单直白地问好友，何时才能解救他于饥寒中。

此时，年届六十的高适依然身居要职，衣食无忧，收到杜甫的求助很快便给了回应，伸出援手。杜甫将感激之情写在诗中，"行色秋将晚，交情老更亲。天涯喜相见，披

豁对吾真"。(《奉简高三十五使君》)

虽然高适公务繁忙，但也会在百忙之中抽出时间来找杜甫小聚一下，酒逢知己千杯少，话不投机半句多。

杜甫曾在《王竟携酒，高亦同过，共用寒字》自注："高每云：'汝年几且不必小于我。'故此句戏之。"可见两人的交情颇深，相互戏谑也不会影响友情。

《人日寄杜二拾遗》作于上元二年（761），是高适晚年的作品，记录了两人深厚的友情，令人感动。

> 人日题诗寄草堂，遥怜故人思故乡。
> 柳条弄色不忍见，梅花满枝空断肠。
> 身在远藩无所预，心怀百忧复千虑。
> 今年人日空相忆，明年人日知何处。
> 一卧东山三十春，岂知书剑老风尘。
> 龙钟还忝二千石，愧尔东西南北人。

两人之间几十年的友情，经历了战火、叛乱，步入老年之后依然相互挂念，可谓高山流水遇知音。高适怀念杜甫，也怀念他们共同的故乡。思乡情到浓时，看到春天的柳叶梅花也没有释怀，国家多难，战争未停，高适此时远离京国，朝廷大事无法参与，只能心怀忧虑。这一年的农历正月初七他们二人隔空回忆，明年的农历正月初七都不知身在何处。三十年弹指一挥间，高适感慨自己一把年纪还拿着刺史的俸禄，觉得有愧于在远方四处游历的友人。

在唐朝众多的诗人中，高适是官位最高的，李白、杜甫等人官场不得志，而高适做官却风生水起。想起多年前三人同游的时光，上了年纪的高适十分感伤。

杜甫收到高适寄给他的诗，不禁老泪纵横，大约四年后，高适故去。

唐代宗大历五年（770）的一天，杜甫在整理旧物时，发现了藏书中的这首诗，感慨万千，写下《追酬故高蜀州人日见寄》一诗。杜甫怀着无比悲痛的心情追忆故友，追忆曾经对酒当歌的岁月。他们之间的友谊，被清人卢世㴶评为"生死交情，极真板稚"。

杜甫的草堂还有一位常客——严武。严武是名武将，前后两次平定蜀地战乱，以军功被封为郑国公。严武虽是武夫，亦能诗。与杜甫交好，两个人常以诗歌唱和。上元二年（761），严武被派到成都任成都府尹，兼剑南两川节度使。这是个不小的官职，是西南地区最高的军政官，手握重权。

严武在成都前后大约两年的时间，恰逢杜甫也在成都，所以来往频繁。杜甫与严武算是世交，在两《唐书》中有相关记载，"武与甫世旧，待遇甚隆""武以世旧，待甫甚善"。

曾经两人同为朝廷命官，又都与房琯交好。杜甫在诗中第一次提及严武是在天宝十三载（754）《投赠哥舒幕府二十韵》中，杜甫盛赞严武年轻有为，前途无量。与严武交往让杜甫很放松，很自在，两人常常有诗文往来。乾元二年（759）严武被贬为巴州刺史，杜甫还曾寄诗以示慰藉。

对于杜甫，严武是很关心的，他曾多次劝杜甫做他的幕僚。

寄题杜拾遗锦江野亭

漫向江头把钓竿，懒眠沙草爱风湍。

莫倚善题鹦鹉赋，何须不著鵔鸃冠。

腹中书籍幽时晒，肘后医方静处看。

兴发会能驰骏马，应须直到使君滩。

在严武看来，杜甫不肯入仕是太过于"沉稳"，不应单纯专注于诗文，浪费了才华，应该力求入仕从官做近臣，所以严武在诗中邀请杜甫到成都城内游玩，也是在邀请他重新入仕。

此时杜甫拥有了成都草堂，心无旁骛，对现状很是满足。之前的从官经历让他屡受打击，所以这时杜甫十分坚决地拒绝了严武的邀请，并写《奉酬严公寄题野亭之作》和《严中丞枉驾见过》婉拒，还告诉严武，如果他想来草堂，杜甫便在草堂门前用锄头开出一条迎接的路，便是"枉沐旌麾出城府，草茅无径欲教锄"。

即使没有路，严武也是草堂的常客。他时常带着一小队人马来郊外，沿着浣花溪走去草堂。每次来，都携带着酒食，两人促膝畅聊，草堂呈现难得的欢乐场面。

有了充足的时间，杜甫便又回想起与李白同游的时光，从最后一次分别至此时已经有十六年，此刻他多想与李白再见一面，讲述这十几年来发生的故事，再喝一碗友情至纯的酒。

《不见》是杜甫怀念李白的最后一首诗，那时，在成都偶尔能听到一些关于李白的消息，便以此诗寄托思念。

> 不见李生久，佯狂真可哀。
> 世人皆欲杀，吾意独怜才。
> 敏捷诗千首，飘零酒一杯。
> 匡山读书处，头白好归来。

太久没有见到李白，他佯为狂放让人感到悲哀。世间有多少人想杀了他，只有我怜惜他的才华。李白文思敏捷，笔下成诗千首，如今飘零在外，只能靠一杯酒来浇愁。匡山还有他读书时的旧屋，如今头发都花白，也应该归来了。

思念而不得见，杜甫对于友情十分看重，相处的岁月成为杜甫一生难忘的回忆。而这首诗，是他送给李白的最后一个礼物，在这首诗创作完成的第二年，李白病逝，时间带走了这位浪漫而狂放的诗仙，也带走了杜甫最好的朋友。

再回草堂

　　乱世纷争，是一个时代的悲哀，也是一个民族的悲哀，千百年后人们提及，可能只是淡淡一句朝代变更，很少有人会知道当时究竟发生了怎样惨烈的战事。

　　幸好有杜甫这样的人，用文字记录下当时发生的故事，他以自己的一生经历为时间轴，讲述了一个时代。晚年的杜甫有大量的诗歌存世，它们是杜甫的心血，更是后代的文学珍品。阅读杜诗，便是走进盛唐、中唐，随着杜甫生活的迁移和身份的转换，我们也随之开始一段跌宕起伏的人生旅程。

　　宝应元年（762），唐代宗传令，命严武入朝。临行前，杜甫写下《奉送严公入朝十韵》，他嘱咐严武，四海之内仍多灾多难，像严武这样有能力的旧臣就应该多多效力，替君王分忧。此番还朝，杜甫希望严武能够辅佐新君，平定天下。杜甫不愿在成都终老，希望能够有一天天下太平，便可以回到故乡。

　　严武离开后，时任剑南西川兵马使徐知道趁机作乱，他纠集了邛南兵叛乱。蜀中地区失去了平静，杜甫的安稳生活告一段落，一家人为了躲避动乱局势，来到梓州地区暂住。

避难期间，杜甫还专程到射洪县寻找陈子昂的遗迹，这位初唐时期的诗人是杜甫崇拜的对象。除了对其作品欣赏之外，还因为他们有着类似的经历。陈子昂仕途坎坷，屈居下位，考中进士后受到武则天赏识，但却屡遭降职，最后被陷害入狱，病死在狱中。

随着时间的推移，官军战胜的消息不断传来，他们攻克了洛阳、郑州、汴州等地，叛军四散逃窜。

广德元年（763），安史之乱终于告一段落。但也许是迫于资费困难，或者对政局不明，杜甫却未"即从巴峡穿巫峡，便下襄阳向洛阳"，而是继续留住梓州。

是年八月，房琯病逝阆州。原本被朝廷任命为刑部尚书的房琯，准备去长安就职，没想到就这样客死他乡。九月初，杜甫听说消息后，赶往阆州吊唁，送这位老友最后一程。杜甫在阆州大约停留了三个月，阆州因张飞驻守而著名，这里有诸多的名胜古迹，杜甫游览了玉台山、嘉陵江、滕王亭等地，留下了许多脍炙人口的作品，阆州之行杜甫过得还算充实。

《祭故相国清河房公文》是杜甫怀念房琯的一篇长篇散文，其中赞扬了房琯为国家做过的贡献，肯定了他的人品，称他是忠肝义胆的正义之士。曾经做左拾遗的杜甫为了房琯险些丢了性命，但为了朋友，也是为了他心中的正义，杜甫从未想过退缩和妥协。如今与好友阴阳两隔，看着墓旁的花朵，杜甫忍不住眼中的泪水，他将这些都记录在了文章里，让后人去评断历史的是是非非。

在这一年的二月，杜甫决定离开阆州，继续乘船前行，入长江，出三峡，准备携家东下吴楚。

这时收到了新皇帝的任命，召补杜甫为京兆功曹参军。上一年十月，吐蕃借官兵讨伐安史之乱西部无防守，乘虚而入，兵临长安，代宗仓皇出逃，吐蕃洗劫长安。十二月，郭子仪平叛，代宗回到长安。代宗继位后，一方面积极平乱，一方面多起用老臣。

和司功参军职责相同，但京兆为京府，官阶较高。《唐六典》："京兆、河南、太原府（按，安史之乱后增成都、凤翔二京府）……功曹参军事二人，正七品下。府一人，史十二人。"按说这是个大好消息，能回家了，又是京城为官，常人求之不得。

经历了这些年的艰难苦恨，虽然依然穷困潦倒，可杜甫已经不想再回那个政治旋涡里去了。在给朋友的诗中可以窥见老杜当时的心情：

奉寄别马巴州（时甫除京兆功曹在东川）

勋业终归马伏波，功曹非复汉萧何。

扁舟系缆沙边久，南国浮云水上多。

独把鱼竿终远去，难随鸟翼一相过。

知君未爱春湖色，兴在骊驹白玉珂。

勋功大业终会属于您这当今的马伏波（东汉开国功臣马援），我这功曹已非汉代萧何。小船已在河边候了很久，准备如漂泊的浮云流浪江南。我将持钓竿远去，以后就很难随飞鸟来和你相会了……杜甫毫不迟疑地拒绝了这次足以改变命运的委任。

就在他连船只都准备妥当的时候，杜甫收到了严武再次回到成都的消息。杜甫喜出望外，严武的回归让杜甫感到踏实，所以他取消原定行程，再次回到了成都的草堂。

归去来兮，杜甫将离开与归来的情形记录在《草堂》中。事后回忆最初的叛乱情形，仿佛徐知道叛乱就是眨眼间发生的事。严武回朝，叛贼便密谋造反，西联羌兵以虚张声势，北断剑阁要道对抗长安的王师。徐知道手下数十人占城为王，独霸一方。他们与羌夷头目争执不断，各不相让，叛乱后发生了内讧。羌夷兵倒戈，叛乱的头目彼此互相残杀。

杜甫感叹局势瞬息万变，徐知道没有想到祸起腋下，被自己的部下杀死。徐知道手下的李忠厚拥兵自立，百姓成为这些叛贼随意宰割的鱼肉。他们在城中大肆抢夺，谈笑间滥杀无辜，长街上都是无辜百姓的鲜血。他们杀人的地方，风雨之时还能听到冤魂哀号的声音。死者的妻子被贼人占有，她们要忍受怎样的悲痛。

为了躲避战乱和流寇，杜甫不得不奔走于梓、阆之间，多次冒出过离开蜀地去东吴的念头。但是东吴也在战乱，去了也是一样的情况。杜甫舍不得成都的草堂，所以他回来了，他心心念念着除杂草，整庭院，修药栏。推开柴门看到四棵小松树还在，杜甫漫步在竹影之中。家里养的狗看到主人回来十分热情地围绕着他。

《草堂》中记载，严武知道杜甫归来也十分高兴，专门派人来问杜甫是否需要什么东西。邻居看到杜甫也非常开心，纷纷前来打招呼，快要挤满整个村落。

时至今日，天下还不太平，这动荡不安的年代，何处安置我这个老人家呢？也许我只是个侥幸活下来的人。杜甫感慨，也许自己对这个世界已经毫无用处了，在剩下的时间里做任何事都会觉得惭愧，所以生活清苦一些也是甘心的，不敢再有其他奢求。他劝慰严武，不能满足于眼前的现状，要继续注意局势变化。

回到草堂的杜甫心情舒畅，在广德二年（764），杜甫创作了《绝句四首》，其中第三首成为千古绝唱。

> 两只黄鹂鸣翠柳，一行白鹭上青天。
> 窗含西岭千秋雪，门泊东吴万里船。

杜甫在成都的诗作多数都在描述草堂生活和周边景致，这几年里的杜甫俨然成为一名田园诗人。杜甫对生活的要求从来都很朴素，平淡的生活在经历过战乱之后显得更加可贵。

出去避难的这段时间里，杜甫一直关注着国家形势，陆续创作了很多首诗，表达心中的情感，即使是在得知官兵打了胜仗的消息，也劝官员和将士要吸取教训，不能重走过去的错路。在早些时候，杜甫就曾提出相关的建议，希望君王能够注意那些手中有权力、不听从指挥的人，但是他这个"左拾遗"并没有受到过重视，提出的建议也都是石沉大海。

在杜甫看来，安史之乱结束后，国家最重要的是休养生息，恢复民力，让百姓回到正常的生活，国家才能走出战争带来的困扰。《释闷》很好地诠释了杜甫的忧患意识。"天子亦应厌奔走，群公固合思升平。但恐诛求不改辙，闻道蝼蟓能全生。"他希望天子和官员都去思考如何才能使天下太平，如果官兵也是勒索百姓、鱼肉百姓，历史的悲剧只会重演。

在来到四川的第五个年头，杜甫于暮春登上高楼，凭栏远眺，有感而作《登楼》。

> 花近高楼伤客心，万方多难此登临。
> 锦江春色来天地，玉垒浮云变古今。
> 北极朝廷终不改，西山寇盗莫相侵。
> 可怜后主还祠庙，日暮聊为梁甫吟。

繁花似锦却令人伤心，因为天下万方多灾多难，此刻赏花只有感伤之情。远远望见武侯祠和后主祠庙。刘禅虽然昏庸，但因为后人敬仰诸葛亮，便也给刘禅建立祠庙。

如今国家正在经历磨难，朝中却多是奸臣贼子，找不到诸葛亮一样的忠臣良相。杜甫一直忧国忧民，以泽被天下苍生为己任，此刻却只能长叹一声，何其荒唐。如今再回想起年少时写下的"致君尧舜上"，犹如镜中之花、水中之月，到头来都是自己的一场梦。

　　杜甫在成都草堂居住的这几年，共创作了二百四十多首诗，与之前的沉闷和愁苦的风格不同，这个时期的作品大多是歌颂自然美景和田园生活，所以草堂时期的杜甫是富有浪漫色彩的，这是他成年之后难得的轻松时光，虽依然贫苦，但精神是满足的。

第八章

念旧日·无边落木萧萧下，

不尽长江滚滚来

归来春沙映竹村

　　杜甫居成都期间，严武数度劝其出仕，发挥自己的才能，不要在乡野中埋没一生。因为严武了解杜甫，在杜甫心中，那份报国的热情从未冷却。

　　最初杜甫是拒绝的，因为鱼龙混杂的官场已令他身心疲惫，对于朝廷更是失望至极，他在其中并不自在。辗转多地，终于在成都拥有了一个不太坚固的草堂，他很满足。但严武没有放弃邀请杜甫入府的念头。

　　在成都草堂，杜甫一直没有什么收入，看着妻子儿女生活窘迫，更是为了"酬知己"严武，严武成了杜甫在生活和政治上最大的依靠，杜甫最终选择再试一试。

　　广德二年（764）六月，严武上表朝廷，推荐杜甫任节度参谋，授职检校工部员外郎，赐绯鱼袋。通常五品以上官员才有资格佩戴绯鱼袋，而杜甫的职位相当于一个六品的虚职，这是对老臣的优礼恩遇，虽然来得太晚且有名无实。也是因为这段任职经历，后人经常称他为"杜工部"。

　　杜甫很喜欢这个代表着地位的绯鱼袋，时常挂在身上。

相传，这个绯鱼袋不单给杜甫带来了荣誉，也为他带来了争议。因为他时常披挂着这个袋子，惹得同在严武处做幕府的年轻人嗤笑。

严武的主要工作就是抗击吐蕃，收复三州，所以严武大多数时间都在整顿军队，抓紧训练。杜甫是个文官，他便充当军师的角色，为严武治理军政提出建议，比如在散文《东西两川说》中，他着眼于天下大势论说了收复松、维、保三州的军略问题，展示了杜甫卓越的军事才能。

在严武的训练和指挥下，军队作战勇往直前，被吐蕃称为"神兵"，陆续攻下了几座城池，将西山一带的吐蕃军逼退几百里，稳住了局势。杜甫作为严武的幕府，也感到十分欣慰。

杜甫这个参谋做得十分辛苦，天亮就得上班，夜已经深了才能下班，有时干脆就住在严武府内，他在秋天写下了当时的心境，"风尘荏苒音书绝，关塞萧条行路难。已忍伶俜十年事，强移栖息一枝安"（《宿府》）。时光荏苒，光阴飞逝，早已经没了亲人们的音信，关塞一片萧条，找不到归途。已经忍受了十年的飘零生活，如今把家安在这里，也只是勉强栖身。

夜深人静时分，杜甫思念远方的亲人，难免哀伤。事实上，杜甫这个官做得也不愉快，他应邀入幕后，本计划可以有所作为，但事与愿违。因为受到严武的优待，遭到了其他人的排挤和嫉妒。这些人表面上对杜甫尊敬，暗地里则嘲笑杜甫老朽。如此复杂的人际关系，他深深感到自己不适合再继续做下去。

《立秋雨院中有作》中有"穷途愧知己，暮齿借前筹"。与其在官场中守着诸多限制，失去自由，遵守府内的规定，穿着固定的服装，还不如回他的浣花溪，那里更像是他的舞台。

《遣闷奉呈严公二十韵》算得上杜甫的辞呈，他将自己闷闷不乐的心情讲给严武听，希望能够脱离幕府的束缚，"露裹思藤架，烟霏想桂丛。信然龟触网，直作鸟窥笼"，言辞恳切，去意决绝。

永泰元年（765）正月，杜甫辞去幕府，回归草堂，并创作了《莫相疑行》，将种种委屈倾泻出来，不再压抑。

男儿生无所成头皓白，牙齿欲落真可惜。

忆献三赋蓬莱宫，自怪一日声辉赫。

集贤学士如堵墙，观我落笔中书堂。

往时文彩动人主，此日饥寒趋路旁。

晚将末契托年少，当面输心背面笑。

寄谢悠悠世上儿，不争好恶莫相疑。

七尺男儿一生无所成，如今牙齿快要掉光，满头都是白发，真是可惜可叹。回忆起当年献三大礼赋给君王，被皇帝赏识，成名那日连自己都觉得吃惊。集贤殿的学士们都站着围观，犹如一堵墙。之前的辉煌与今日的落魄相比，真是让人唏嘘。以前可以用文采感动君王，如今却因为饥寒交迫奔走在路旁。晚年时还真性情地与年少的同僚相交，但他们当面推心置腹，背地里却嗤笑自己。告诉你们这些世俗小儿，我没有心思和你们争个善恶，也请你们不要再来猜疑。

此时的杜甫身体状况已经不是很好，如他诗中所说，牙齿松动，头发花白，还有陈年旧疾，如肺病、痹病等，再加上这么多年生活困苦，营养不良，他经常感到身体疲惫，坐一会儿便觉浑身发麻、疼痛难忍。如今回到草堂，不需要久坐处理公文，觉得轻快了许多。

身体舒畅，自然心情大好，杜甫又开始了创作。

永泰元年（765）的春天，杜甫连续创作了二十多首描写春天的诗，"野水平桥路，春沙映竹村。风轻粉蝶喜，花暖蜜蜂喧。把酒宜深酌，题诗好细论。府中瞻暇日，江上忆词源"。（《弊庐遣兴，奉寄严公》）春光无限美，杜甫沉醉其中，他还修葺了草堂，每日房前屋后除杂草、种果蔬，十分惬意。

没了公职，也就没了收入，杜甫又过回了贫寒的生活。好在他已经习惯以蔬菜和野果子充饥，邻居们送给他个绰号"菜肚老人"。如今川菜中有一道百年老菜——五柳鱼，相传就是由杜甫所创。当时朋友来草堂做客，家中又没有什么好菜来款待，恰巧家人在浣花溪中钓上来一条鱼，杜甫便亲自下厨做鱼。

经过一番料理，鱼做好了，众人品尝之后都称赞好吃，让杜甫给这道菜起个名字。杜甫说，陶渊明是他十分敬佩的先贤圣人，而且这道菜添加了各种蔬菜调味，五颜六色，索性就叫它五柳鱼。

在如今的浣花溪，仍流传着许多杜甫的逸事，为杜甫的生平增添了许多鲜活的色彩。

闲暇时光，他写信给严武，希望他忙完公事，可以有时间再来草堂一起饮酒赏花，但是他却没有等来那个熟悉的身影，而是等到了一个噩耗。四月，严武突然暴病身亡，年仅四十岁。

严武的病逝让杜甫十分伤心，他的草堂失去了最为活跃的宾客，他也失去了一位酒友、一位知己。

人到了一定年纪，便要开始面对死亡，亲人、朋友陆续离世，杜甫被迫接受一次又一次的告别，有些人至死也没能再见一面。来到蜀地的几年间，杜甫陆续接到好友故去的消息，之前是朋友苏源明在长安饿死，紧接着是郑虔病逝，高适、王维、李白、房琯、严武……这些熟悉的身影永远消失了，杜甫觉得有些孤零零，这些犹如盔甲一般的好友去了遥远的天国，留下杜甫在这炼狱般的世界。

"故旧谁怜我，平生郑与苏。存亡不重见，丧乱独前途。"（《哭台州郑司户苏少监》）失去了朋友的杜甫，只能孤身一人继续人生之路。严武、高适等人也是杜甫经济的支柱，如今杜甫没了经济来源，在成都的生活也很难继续下去。曾经想去荆楚的念头，这个时候再次迸发出来，杜甫与家人商量后，决定离开成都，东下荆楚。

回望蜀地草堂的几年，杜甫生出许多感叹，在东下之际，提笔写下《去蜀》一诗：

五载客蜀郡，一年居梓州。
如何关塞阻，转作潇湘游。
世事已黄发，残生随白鸥。
安危大臣在，不必泪长流。

对几年的漂泊生涯做个总结，一把年纪依然要踏上征途，回顾平生万事，一无所成却已苍老，怎叫人不神伤。

理想渐行渐远，只留下模糊的背影，现实踩在脚下，半个身子已经陷入黄土中。依稀望见船头那沧桑的背影，此刻犹如一片单薄的落叶，沿着江水一路飘摇，无枝可依。

在夔州——当局者与旁观者

收拾了复杂的心情，拍拍身上的浮尘，整理略微凌乱的头发，身体疲惫，心灵也没有支撑，看着大江中翻飞的海鸥，水面翻腾不绝的浪花，杜甫陷入了久久的沉思。永泰元年（765）五月，杜甫一家踏上了下一段路程。

他们乘船顺着岷江下行，经过了嘉州（今四川乐山）、戎州（今四川宜宾），而后进入长江，再顺江经过渝州（今重庆）、忠州（今重庆忠县），后到达了云安县（今重庆云安）。这段路程经历了三个多月的时间，过程令杜甫十分难忘。

相传《旅夜书怀》是杜甫途经忠州所作，也有人称诗文中所描绘的画面与忠州地貌不符，文中所指的是其他地方。古往今来说法不一，无法确定事实究竟如何，但这首诗却流传久远。

> 细草微风岸，危樯独夜舟。
>
> 星垂平野阔，月涌大江流。

名岂文章著，官应老病休。

飘飘何所似，天地一沙鸥。

　　这是一幅浩渺壮阔的画面，微风吹拂着岸边的细草，高耸的桅杆独立在午夜的小舟上。星星垂向广袤无垠的平野，月光照在奔腾江水之上。岂能是靠文章才出名，休官是因为年老体弱。这漂泊的生涯像什么呢？就如这天地间孤独飞翔的沙鸥！

　　情景相生，互藏其宅，杜甫用气象万千的文字，描绘出一个孤独于天地间的灵魂，犹如夜晚停泊的孤舟，犹如天地间散落的沙鸥，凝重的孤独感扑面而来，成为杜甫人生遭遇的黑白剪影。

　　一路奔波，杜甫病倒了，自忠州乘船东下时，他的肺痨复发，滞留在了云阳，客居于县令严君在城东的水阁养病。这一住就是大半年，在云阳的这段时间里，杜甫创作了三十余首作品，其中就包括历史上关于云阳的第一首诗——《拨闷》。

闻道云安鞠米春，才倾一盏即醺人。

乘舟取醉非难事，下峡销愁定几巡。

长年三老遥怜汝，捩舵开头捷有神。

已办青钱防雇直，当令美味入吾唇。

　　诗中的云安即云阳。云阳有座张飞庙，素有"巴蜀一胜景，文藻一胜地"的美誉。在张飞庙中有一座杜鹃亭，以 24 根朱红圆柱做支撑，古朴苍劲，庄严肃穆，它是为纪念杜甫而建，因为杜甫所住的水阁就在张飞庙旁。

之所以修建杜鹃亭来纪念杜甫，大概是因为杜鹃在杜甫的作品中提及的次数之多、所占分量之重的缘故。

在云阳，杜甫写下《杜鹃》一诗，前几句颇有意思，"西川有杜鹃，东川无杜鹃。涪万无杜鹃，云安有杜鹃"。

杜甫在唐肃宗时期曾经写过一首《杜鹃行》，相传杜鹃为古蜀王杜宇的化身，杜甫借杜鹃之名，记录了唐朝由盛转衰的过程，也表达了他对古代圣贤和礼仪秩序的思考。

杜鹃还有一个名字——子规，也叫催归。因为这种鸟总是朝着北方鸣叫，尤其是到了六七月份，杜鹃鸟昼夜不停地发出叫声，它的叫声十分哀切，犹如盼子回归的呼喊，所以叫杜鹃啼归。

杜甫也曾以《子规》为题写诗。

峡里云安县，江楼翼瓦齐。
两边山木合，终日子规啼。
眇眇春风见，萧萧夜色凄。
客愁那听此，故作傍人低。

午夜听到杜鹃鸟叫，犹如远方有人呼唤游子，勾起杜甫心中最柔软的思乡情，漂泊在外多年，背井离乡，又因身体不适再次停滞，不知何时才能回到故乡。

病情有了好转后，杜甫于第二年的春天继续前行，一家人告别了县令，离开云阳，到达夔州。

　　杜甫在夔州居住了两年多时间，直到代宗大历三年（768）的春天才离开，去往湖北荆州，与那里的亲友团聚。

　　夔州对于杜甫来说是完全陌生的，在这里他举目无亲，也没有熟悉的朋友可以投靠，幸好夔州都督柏茂林十分欣赏杜甫，得知杜甫到达夔州便为其安排好了住处，还给他提供一份工作，就是帮着公家管理东屯公田一百顷。杜甫租种了其中的一部分，又雇用了几个长工跟他一起干活。

　　最初杜甫住在夔州城北的山腰客堂——唐赤甲山（子阳山）南麓与马岭相连之地，客堂背后是郁郁葱葱的森林。后柏茂林将杜甫接到了西阁居住，这里位于白帝山的西侧山腰，靠近瞿塘峡，之后又陆续换过几次住处。寓居的岁月里，杜甫创作了大量的作品，足有四百首之多，几乎占他生平所有作品的三分之一。此时，也是他创作诗词的巅峰，超过了在成都近四年创作的诗歌。

　　有人为他计算过，平均每三天就会有两首诗诞生。而此时的杜甫已经是个头发花白的老人，"半顶梳头白，过眉拄杖斑"，而且疾病缠身，每况愈下。在这种情况下，杜甫依然保持着高质量、高数量的作品创作，说明创作诗歌对他而言，已经是驾轻就熟之事，更是他对外发声的方式。

　　"文章千古事，得失寸心知。"如杜甫在《偶题》中所写，文学创作是个千秋万代的事，其中的成败甘苦，唯有自己心里晓得。历代作家各有各的成就，各有各的地位，名誉声望都来之不易，才能流传于后世。

　　杜甫与诗相伴一生，诗是可以安慰他心灵的良药。在夔州的时间里，远方的音讯迟迟未至，也许应该怨恨喜鹊不能及时报喜。平日里干点儿农活，可以当成作诗的题材，住在简陋的房间，学习当地的生活习惯。

　　临江远眺，望不到家乡终南山险峻的山峰，只能回忆秋天里那一汪美丽的湖水，想念长安城美丽的风光。杜甫不敢强求写出精彩惊人的诗句，只希望在苦愁来临时，借诗歌之手，述说情怀。

　　夔州是个幸运的地方，这里没有被安史之乱波及，所以在这场战争中成为难得的"净土"，在唐代，夔州被称为"万户城"，是当时政治、经济、文化、交通的枢纽，这里气候温和，物产丰富，树上常年都有新鲜的果实可以食用。"瀼东瀼西一万家，江北江南春冬花"，杜甫也很喜欢这里，所以选择在这里居住一段时间。

　　杜甫住所的周围是一座座深山，院子里有发紫的蕨菜，不远处还有嫩绿的竹笋。当地没有挖井的习惯，都是用竹筒引水，"月峡瞿塘云作顶，乱石峥嵘俗无井"，杜甫便让仆人阿段和信行帮忙在离家二十里外的地方寻找水源，接筒饮水到自家厨房，紧接着他又圈起了鸡栏，养了几十只乌鸡。在春天时，鸡蛋用来孵崽，到了秋天，鸡蛋用来食用，日子就这样像模像样地过了起来。

　　于是，杜甫的诗中开始出现生活小事，这是他热爱生活的方式。比如天气大旱，他带着一家老小去林中摘苍耳充饥；在秋天到来时，他亲自耕地播种莴苣，过了二十多天，莴苣没有长出来，倒是长满了野菜……这种琐事组成了杜甫的夔州生活，平静而祥和。

这个时期创作的《登高》被后人称赞为"七律之冠"。

> 风急天高猿啸哀，渚清沙白鸟飞回。
>
> 无边落木萧萧下，不尽长江滚滚来。
>
> 万里悲秋常作客，百年多病独登台。
>
> 艰难苦恨繁霜鬓，潦倒新停浊酒杯。

这一年的杜甫已经五十六岁，在那个遥远的年代，这个年纪可以被称为老人家了，一日他登上了夔州白帝城外的高台，登高远眺。看着远处萧瑟的秋景，内心波涛汹涌，感于自己的飘零身世，创作了这首经典之作。

白帝城建在瞿塘峡口北岸的白帝山山腰之上，是汉代公孙述所建。公孙述是一个割据为王的叛徒，山上的白帝庙最初是为了供奉他，后人觉得有些不合情理，因为当年刘备曾在此托孤于诸葛亮，所以当地人就将其用来祭祀他俩。

好友李白在乾元二年（759）曾到过这里，还留下了流传甚广的《早发白帝城》。

> 朝辞白帝彩云间，千里江陵一日还。
>
> 两岸猿声啼不住，轻舟已过万重山。

行舟轻轻，犹如李白当时的心情，轻松愉快，与此刻的杜甫完全不同。同样的景致，却因为心情差异，有了不同的风情。

杜甫站在白帝庙上，可以将险峻雄奇的瞿塘峡口尽收眼底，这里是文人雅士钟爱的观江之地。天高风急，猿猴叫声凄切悲凉，清澈的水面鸥鸟在嬉戏盘旋。无穷无尽的落叶在纷纷飘落，长江滚滚的江水奔涌而来，从不停息。万里的秋色中他漂泊在异乡，老来多病的他独自登上高台。深感遗憾的是头发日益花白，穷困潦倒，生病后不得不停止饮酒，让人伤怀。

羁旅的愁思在这一刻迸发出来，想到自己沦落异乡，犹如无根的草，只能随着大风吹来吹去，韶光已逝，壮志难酬。如今进入暮年，除了悲春哀秋，杜甫已经没有能力再做其他。

不久之后，杜甫发觉自己的左耳已经聋了，右耳的听力也大不如前，也许他再也听不到猿啼、雀噪。他的眼睛也变得模糊，都是旧疾发作，如今杜甫提笔时手止不住地颤抖，但这些都没能让他产生放弃创作诗歌的念头，诗歌成为他的精神支柱，陪他度过疾病缠身的岁月。

杜甫其实对夔州早有向往，早年在长安时，他曾看到过一张三峡风景的画，气势磅礴的画面深深地吸引了他，如今到了画中地，杜甫自然不能错过。长江三峡、夔门、瞿塘峡、白帝城都留下了他的足迹，"人扶报夕阳"，太阳下山了依然不想返程。

柏茂林还邀请杜甫参加一些当地文人雅士的聚会，并给予他很高的礼遇，如《陪柏中丞观宴将士二首》《观公孙大娘弟子舞剑器行》等，都是记载关于宴会的场面。杜甫也因此结交了许多新朋友，与他们畅谈人生，吟诗作对。《赠李十五丈别》《醉为马坠，诸公携酒相看》等，都是与好友相聚时的作品，这也让他原本沉重的心情舒展了很多。

"醉为马坠"是杜甫赴柏茂林宴时，"甫也诸侯老宾客，罢酒酣歌拓金戟。骑马忽忆少年时，散蹄迸落瞿塘石"，想起年少时裘马轻狂的岁月，一时兴起就跨上马，此时他已经是五十多岁的老人，骑着马从城门跑到瞿塘，坡上坡下飞奔，感觉路旁的白墙犹如闪电掠过双眼，远处的江野村屋扑面而来。

马越跑越快，杜甫兴趣渐浓，一时忘乎所以放开了缰绳，纵马飞奔，感觉自己重回年轻时代，想起当年骑马射箭何等洒脱，颇为得意。这时马蹄一滑，杜甫摔下马，受了伤，只得卧床休息。朋友们来探望他，杜甫就拄着拐杖跟他们到溪水旁饮酒，也不觉得伤口痛，只觉得这种生活十分畅快。

杜甫晚年对那些官场做派是极其厌恶的，他们都戴着伪善的面具，杜甫活得很真实，所以他不愿再去迎合。靠劳动生活的百姓从未嫌弃他，他选择做一个普通人。普通人的生活虽然清贫，却过得踏实、安静，对于晚年的杜甫来说，这是最宝贵的。

瀼西草堂是杜甫在夔州居住得最久的地方，自大历二年（767）暮春开始，杜甫搬到了这里，最开始只是租住，但他渐渐喜欢上这个地方，陆续购买了七八间茅草屋。房紧邻山冈，山上都是乱石青杉，附近还有四十亩果林，这也是杜甫新买下的，里面种了柑橘、梨子还有板栗。

　　这里是杜甫的世外桃源，杜甫卸下心中的重担，终于过上了《为农》"锦里烟尘外，江村八九家"中的生活。他多希望天下百姓都能安居乐业，不再经历战火，不再饥寒交迫。那时，天下一定是另一番样子，杜甫才能获得真实的快乐。

成就佳作无数

曾经感叹"家书抵万金",没有什么比亲人报平安的消息更加宝贵。杜甫在夔州获得暂时的温饱,不免惦记起兄弟姐妹,不知他们在他乡是否安好。父母去世后,几个兄弟姐妹四散,在战火中几经生死,不知此时身在何处。

大历二年(767)的三月,弟弟杜观经过江陵来夔州看望杜甫,这场重逢杜甫盼了好多年,终于梦想成真。兄弟二人执手相看泪眼,又悲又喜,有说不完的话,更有道不完的思念。

住了一段时间,杜观要告别兄长,去往长安,兄弟二人临别时约定,下一次要在江陵团聚。

杜甫胸怀天下,就像他拿出自己的粮食分给灾民一样,在他心中所有百姓都是兄弟姐妹,只有家人携手,才能一起渡过难关。

瀼西草堂的门前有几棵枣树,西边邻居有个寡妇,为了充饥经常来这里打枣,杜甫从未干涉过,有时还会帮忙张罗。后来杜甫把草堂让给了一位姓吴的亲戚,他搬到了离草堂十几里路的东屯去，因住那里更方便照看田地。

后来杜甫得知，这位姓吴的亲戚在草堂四周围上了篱笆，不让寡妇再来打枣。杜甫专门写了一首诗《又呈吴郎》，劝导吴郎。

> 堂前扑枣任西邻，无食无儿一妇人。
> 不为困穷宁有此？只缘恐惧转须亲。
> 即防远客虽多事，便插疏篱却甚真。
> 已诉征求贫到骨，正思戎马泪盈巾。

杜甫为江山社稷写诗，为百姓苍生写诗，也为这位无食无儿的老妇人写诗。曾经靠野果充饥的杜甫深知饥饿的滋味，若不是因为贫苦，妇人怎会这样做？正是因为她心存恐惧，更应该与她友好。官府征租逼税已经让她一贫如洗，想起兵荒马乱的时局让人不禁涕泪满襟，所以劝你，不用多此一举插上篱笆，更不用防着妇人打枣。

一首家常话一样的诗，述说亲人一般的情，只不过这亲情是他与贫苦百姓之间的，朴实动人，言辞恳切。杜甫一直和最底层的百姓站在一起，一同经历，一同感悟。他创作了大量关于夔州百姓劳动生活的作品，如《负薪行》《最能行》。

杜甫笔下的三峡女人有着同样悲惨的命运，在《负薪行》里，杜甫讲述了他看到的情形。

夔州处女发半华，四十五十无夫家。

更遭丧乱嫁不售，一生抱恨堪咨嗟。

土风坐男使女立，应当门户女出入。

十犹八九负薪归，卖薪得钱应供给。

至老双鬟只垂颈，野花山叶银钗并。

筋力登危集市门，死生射利兼盐井。

面妆首饰杂啼痕，地褊衣寒困石根。

若道巫山女粗丑，何得此有昭君村？

连年的战乱让当地的男丁急剧减少，许多女子四五十岁也没有出嫁。妇人们每天上山砍柴，背着沉重的柴火前行，一辈子都留有遗憾。当地风俗都是男人坐享其成，女人在一旁侍候，所以女人背柴在当地很常见，卖得的柴钱都要供应一家老小的生活，还要缴纳沉重的赋税。

经历了沧桑，这些女人到老依然是双鬟垂颈的打扮，她们不光要上山砍柴、卖柴，还要不顾生死地去盐井运盐，常年劳累，脸挂泪痕，衣衫单薄，困居住在偏僻的山脚下。有人说巫山一带妇女天生不好看，那是他们的偏见，在这种生活条件下不可能造就王昭君一样的美人。

有人写诗赠美人，有人写诗送山水，杜甫将诗句送给最普通的背薪妇人，因为杜甫同情她们不幸的遭遇。唐朝时，女子十五六岁就会出嫁，而夔州地区的女子四五十岁依然找不到丈夫，她们虽然没有上战场，却是这场战乱的牺牲品，她们断送的是青春的年华，令人叹息。打枣的妇人，背薪的妇人，她们都是唐朝子民，杜甫忧国忧民的情感自然也属于她们。

经历了大风大浪，也经历了人生的起起伏伏，如今终于可以松一口气，至少不用担心明日的吃食。杜甫开始写一些自传题材的诗，总结一生的经历、见闻，还有一些有趣的小故事，《昔游》《遣怀》是回忆与李白、高适同游吴越、齐赵的经历，《壮游》则更详细地回忆了杜甫的一生，几乎将他身上发生过的重要事件一一记录。

杜甫一生的经历是特殊的，更是不可复制的，他的命运与"安史之乱"紧密相关，他的遭遇也是时代的悲哀。杜甫见证了唐王朝的兴衰，所以他的自传也是唐王朝的缩影，他的人生总结也是唐诗史的总结。

盛唐时期的诗人多数都有着浪漫的情怀，他们理想高远，他们精神顽强，他们拥有着强大的自信，他们享受过太平时期的安逸。杜甫从盛唐走来，他身上有着盛唐文人独特的气质。他希望后人能够了解这段历史，不要再经历同样的不幸。所以杜甫用文字亲手绘制了一幅历史画卷，将大家战乱和小家悲欢离合融汇在一起，终成为唐代风云图鉴。

诗歌形式上，杜甫不满足于之前的五言律诗、五七言古诗、五七言绝句、乐府等，他开启了七律诗创作，《诸将五首》《秋兴八首》《咏怀古迹五首》《登高》等诗都是七律的代表作，杜甫在探索一种新的方式，开辟更广阔的天地，让他的文字可以自由地飞翔。

不拘绳墨，挥洒自如，杜甫就是这样随性而为的诗人，他开创了以诗立传的先河，还在《夔州歌十绝句》首创竹枝新体。写诗变成信手拈来的事，杜甫在文学技巧上已经成熟，一双眼可以看透许多事，一支笔可以写下许多情。

生活有了基本保障，杜甫开始留意孩子的教育。"诗书传家"成为杜甫最大的愿望，他希望子女们能够继承祖辈的衣钵，忠孝勤学，不辱先人。

众多子女中，杜甫提及最多的是二儿子宗武。他曾在宗武十三岁的生日之际，为他创作《宗武生日》一诗。这个儿子颇有父亲的学风，所以杜甫对他寄予厚望。杜甫勉励宗武，希望他发扬和继承家风，趁青春年少多多努力，继承父志。

小子何时见，高秋此日生。
自从都邑语，已伴老夫名。
诗是吾家事，人传世上情。
熟精文选理，休觅彩衣轻。
凋瘵筵初秩，欹斜坐不成。
流霞分片片，涓滴就徐倾。

父子之情溢于言表，犹如潺潺溪流滋润着孩子的心田，杜甫在病中为儿子生日开筵，希望他能熟精《文选》，以绍家学。

在夔州，杜甫再写下《又示宗武》，"应须饱经术，已似爱文章"。如天下所有父亲一样，他一遍遍地嘱托，希望宗武学习刻苦，不要羡慕富贵人家，多多写诗，务本踏实，要有远大的志向。言语间都是殷殷期盼，语重心长。

为了让儿女感受书香氛围，杜甫专程带他们拜访赤甲山的学士茅屋，那里藏书众多，弟子勤学，即使生活贫寒，他们也一直与书为伴，就如古代圣贤一样。只可惜杜甫的儿女并没有体会父亲的苦心，更没有诗歌作品传下来。

虽然"躲"在夔州，享受短暂的平静生活，杜甫却依然关心时事。自秦州开始，杜甫的寓言式的咏物诗日渐成熟，他经常创作与时事相关的作品，夹杂着讽刺与自伤，这种风格的作品成为杜甫的一个特色，以一物论国事，以一景思国情。

《麂》是杜甫的一篇五言律诗，也是他旅居夔州第二年所写的八首咏物诗之一。全篇以动物麂的身份发声，借麂骂世，痛斥剥削阶级的残暴。

> 永与清溪别，蒙将玉馔俱。
> 无才逐仙隐，不敢恨庖厨。
> 乱世轻全物，微声及祸枢。
> 衣冠兼盗贼，饕餮用斯须。

全文用第一人称，让整首诗充满了童话色彩，"我"要永远与清溪告别了，感谢你们把"我"与那些精致的食材一起做成美味佳肴。因为"我"太过愚钝，不能像葛仙翁那样得道成仙，不能消失遁形，只能被人杀了送进厨房，不敢有所怨言。兵荒马乱的年头，人们乱开杀戒，"我"稍一出声就丢了性命。"我"即将被贪婪的食客们狼吞虎咽地吃掉，顷刻之间就会被吃得干干净净。唯一感到遗憾的是吃"我"的这些衣冠楚楚的食客，每个人都藏着一颗盗贼的心。

有人将其评价为"此诗之工，不在于善体物，而在于工抒情"。它饱含着诗人坎坷一生的艰辛和愤怒，还有作为普通百姓，犹如任人宰割的动物的无助和心酸。

大历三年（768）的春节，杜甫收到了杜观的家书，他在信中告诉哥哥，按照兄弟二人之前的约定，他们一家已经来到江陵，"自汝到荆府，书来数唤吾"。听到弟弟的召唤，杜甫心中激动起来，虽然江陵不是故乡，但那里有亲人，异乡团聚也是十分难得的，杜甫决定离开这里，与弟弟一家团圆。

动身之前，杜甫便将瀼西四十亩果园赠送出去，可见他并没有打算再回来。

这一年的正月，杜甫告别了寓居三年的夔州，乘船东下，在三月时到达了江陵。相比于出发之初的满怀期待，杜甫到达江陵的心情十分落寞，这一路他经历了太多，后来只在江陵逗留了几个月，心中不得意，秋天便离开了这里，移居到了公安县。在公安县停留了数月，辗转至岳州。

第九章

忆旧人·天上人间觅致芳魂

湘江最后的收容

烟波浩渺的洞庭湖有着一个诗意的别名——云梦，雾气蒙蒙的湖面，让人恍惚觉得飘入云中，徜徉在梦里。它安静地守在那里，静静流淌千年。

曾经有一个老人，驾着一叶小舟，缓缓驶进它的怀抱，没有惊动岸边的飞鸟，也没有翻起巨大的浪花。他安静地来，又安静地离去，这个诗意的地方却没有给他诗意的生活。

杜甫一家人到达江陵时，恰逢一场春雨来临，为杜甫此行加上了一层悲伤的色彩。他先是投奔了族弟杜位，将家人安置在这里，然后陆续拜访当地的朋友郑审、李之芳、徐司录等人。如此安排，一则是告诉大家他来到了江陵，二则是想通过熟人找到个差事，好有些收入。

一番会面后，找差事的事情没有着落，其实原因很明显，年事已高的他，耳聋又身体不好，连基本沟通都有些困难，有时只能靠写字沟通，十分不便，自然找不到工作。如此一来二去，朋友也不常见面，变得疏远。

恰逢江陵节度使卫伯玉新楼落成，杜甫写下《江陵节度、阳城郡王新楼成，王请严侍御判官赋七字句，同作》和《又作此奉卫王》作为贺礼，但未受到节度使赏识。为官的族弟杜位也没有出太多力，杜甫屡受挫败，有些沮丧。

这时，儿子写信来，说已经没有粮食可以吃，杜甫陷入了新的困境。他到处求人，处处赔笑，却依然没有出路，而且还落人口舌，被他人言语中伤。一番尝试后，杜甫觉得无法在江陵立足，便决定去江陵以南的公安县。

行至长江和汉水之间时，杜甫写下《江汉》，抒发自己"烈士暮年，壮心不已"的精神。

> 江汉思归客，乾坤一腐儒。
>
> 片云天共远，永夜月同孤。
>
> 落日心犹壮，秋风病欲苏。
>
> 古来存老马，不必取长途。

漂泊在这江水之上，思念故乡却不能归，天地之间，杜甫觉得自己只是一个迂腐老人。虽然年事已高，但是仍然拥有雄心壮志，吹着清凉的秋风，觉得旧疾也要康复。自古以来养老马都是因为它的智慧，并不是指望它能走长途，杜甫自比老马，虽然年老多病，却还能有所作为。北归无望，生活困窘，杜甫再生感慨，对着天上片片白云，还有夜空孤独的明月。

至于弟弟杜观，自上次夔州与杜甫见面后不久，回到陕西蓝田娶了妻子，返回江陵，寓居在一条溪沟附近。如今这里被称为杜甫沟，就是因为杜甫在唐大历三年（768）夏天，走过群山万壑来到这里，探望胞弟杜观。因为地势特殊，杜甫身体又不是很好，这段路程杜甫走得相当辛苦，《续得观书迎就当阳居止正月中旬定出三峡》中记录了探望杜观的情形。

自汝到荆府，书来数唤吾。

颂椒添讽咏，禁火卜欢娱。

舟楫因人动，形骸用杖扶。

天旋夔子国，春近岳阳湖。

发日排南喜，伤神散北吁。

飞鸣还接翅，行序密衔芦。

俗薄江山好，时危草木苏。

冯唐虽晚达，终觊在皇都。

弟弟的日子同样过得很艰难，杜甫小住了一段时间就离开了。

从此，杜甫开始了他人生最后一次漂泊旅程。这一次，杜甫走了三年，这三年里自江陵开始，他陆续到过公安、岳州、潭州、衡州等地，每到一处，他都尝试在当地定居，找个可以安享晚年之地，但都以失败告终。

年事已高，加之身体不好，杜甫的疲惫感越发强烈，他不知自己还能坚持多久，因为漂泊的生活没有尽头，犹如掉进无底的深渊，不断地坠落、坠落。

他也想过返回河南故乡，或者回到长安城，但终究只是想法，没有成为现实，这也成为他最后的遗憾。三年时间里，杜甫大部分都是在船上度过，所以他的诗也都是"舟中诗"，船只成为他这三年的家，也犹如他晚年的命运，只能在风雨中飘摇不定。

《舟中》就是这一时期生活的写照。

> 风餐江柳下，雨卧驿楼边。
>
> 结缆排鱼网，连樯并米船。
>
> 今朝云细薄，昨夜月清圆。
>
> 飘泊南庭老，只应学水仙。

一家人吃饭时，只能在江边的柳树下凑合，下雨天也只能停在驿楼边上静待，避开渔民洒下的渔网才能整理缆绳，自己的船只能紧靠着运米的商船。昨天夜里月亮很圆，白天晴朗，只有微云薄雾。我这漂泊在江南的老头子，还是学着做一个水中神仙吧！杜甫用自嘲的语气讲述了他的生活状况，条件艰苦，设施简陋，全家都随着一只小舟漂流。

在公安县居住了几个月，杜甫游览了当地的一些古迹，在《公安县怀古》中，杜甫表达对诸葛亮、吕蒙、刘备等人的缅怀和敬仰。但是公安县并不太平，不但有野兽出没，还总有盗贼横行，一些官吏被杀害，百姓的日子过得心惊胆战。如此情形，自然也不是久居的好选择。

大历三年（768）的冬天，杜甫离开公安县，准备前往岳阳。出发前杜甫写下《晓发公安》，"舟楫眇然自此去，江湖远适无前期"。又要随船远去，前方是一片未知的未来，昨天已经成为过去，渺然不知明日之事，就随着孤舟远行吧，让它去指引未来的方向。

到达岳阳时已经到了年底，杜甫身体情况日渐衰弱，每日靠服药来维持。到了岳阳，杜甫拖着疲惫的身体登上了岳阳楼。这天下名楼，是岳阳不能错过的景观。在别人的诗词里，杜甫早已熟悉这个地方。

好友李白生前也登上过岳阳楼，写下《与夏十二登岳阳楼》。当时李白刚刚被赦免，心情大好，所以字里行间都可见其豪放之情。"雁引愁心去，山衔好月来"，辽阔的洞庭湖带走了他心中的阴霾，大雁南飞也带走了他的忧愁，他的心境与此时的杜甫截然不同。

杜甫登上岳阳楼，举目远眺，面对着烟波浩渺的洞庭湖，发出由衷的赞叹。面对壮阔的景致，情感油然而生，写下《登岳阳楼》。

昔闻洞庭水，今上岳阳楼。
吴楚东南坼，乾坤日夜浮。
亲朋无一字，老病有孤舟。
戎马关山北，凭轩涕泗流。

浩瀚的湖水将吴楚东南隔开，天地像在湖面上飘荡。亲人朋友没有一点儿音信，年老多病的我只有一叶孤舟。关山以北的战争依然没有停止，我凭栏遥望不免涕泪横流。

　　伤感之人，处处皆可见悲情，杜甫眼中的美景也都有着悲伤色彩。他的晚年一直在路上，走过千山万水，却找不到一处可以容身的角落。人说天地之间广阔无垠，这广阔的空间为何没有容得下杜甫的一隅？杜甫不知该向谁求得一个答案，只能自己不断寻找，不断前行。

天地终无情

悲天悯人济天下，"诗圣"杜甫胸怀大爱，一生蹉跎，报国无门。回看杜甫最后的几年时光，几乎都是在湘江之上度过的，这片辽阔的江水接纳了风烛残年的诗人，将他拥入温柔的臂弯，但他没有安享晚年，到最终依然过着居无定所的生活。

大历四年（769）春天，杜甫的船漂过了洞庭湖，进入了湘江，而后到达了长沙。在距离长沙六十里的潭州北界乔口，杜甫写下《入乔口》一诗。

> 漠漠旧京远，迟迟归路赊。
> 残年傍水国，落日对春华。
> 树蜜早蜂乱，江泥轻燕斜。
> 贾生骨已朽，凄恻近长沙。

"漠漠"与"迟迟"的凄凉感让人唏嘘。可见杜甫在靠近长沙时心是凄凉的，也许他对此行并不抱以希望。

船行水上，路过了屈原《九歌》中提及的湘夫人祠，杜甫感叹道："湖南清绝地，万古一长嗟。"杜甫与屈原有着同样怀才不遇的经历，所以杜甫对于屈原有着特殊的情感，似更能懂得屈原作品中的含义。所以，杜甫对与屈原相关的景观十分感兴趣，也常常在诗文中提及屈原的过往，他希望如屈原一样，始终保持着高洁的品质。

　　杜甫原本的计划是投奔旧友韦之晋，他正待调任潭州刺史，也许能够为杜甫提供一些帮助。但天不遂人愿，杜甫赶到长沙时，韦之晋已经离世。悲痛之余，杜甫为老友写下《哭韦大夫之晋》，"老来多涕泪，情在强诗篇"。杜甫用诗送老友最后一程。

　　杜甫在长沙期间留下了几十首经典作品，他以此向世人表达真实的内心，也用文字的形式为后人留下了一幅唐代长沙风貌图。

　　他乡遇故知，杜甫在这里偶遇了同是逃难流落到此的李龟年，他们是旧时的好友。回忆起当年在岐王宅里的场景，感慨万千，他写下了传世经典之作——《江南逢李龟年》。

> 岐王宅里寻常见，崔九堂前几度闻。
> 正是江南好风景，落花时节又逢君。

　　曾经的李龟年生活富足，有着十分气派的大宅子。两人经常出入岐王府和崔宅，享受太平盛世下的歌舞升平。

安史之乱之后，李龟年也四处流浪，以歌唱谋生，勉强生活。往昔与今日的对比让人伤感，曾经美好的岁月再也回不去了。

杜甫的长沙之行还有意外的收获，他在长沙结交到了一位"强盗"朋友，名为苏涣。之所以这样称呼他，是因为此人少时真的做过强盗，他用白色的弓弩作为工具，当时在巴蜀一带被人们称为"白跖"，来往的商人都很怕遇到他。

随着苏涣慢慢长大，他决定金盆洗手，"折节读书"，并于广德二年（764）考中了进士，一路走过来官至侍御史，后来成为湖南观察使崔瑾的从事。苏涣的家世并不简单，他是苏洵的二哥、苏轼的伯父。苏涣的一生十分传奇，他性格狂放不羁，所以他的诗文也有着愤世嫉俗的劲头，与众不同。

两人一见如故，经常结伴出游，还会相互赠诗。苏涣很崇拜杜甫，杜甫也很欣赏这个"不走寻常路"的新朋友，看过苏涣的诗作后，他便在赠苏涣诗的序中写："苏大侍御涣，静者也，旅寓江侧，凡是不交州府之客，人事都绝久矣。肩舆江浦，忽访老夫，请诵近诗，肯吟数首，才力素壮，词句动人，涌思雷出，书箧几杖之外，殷殷留金石声。赋八韵记异，亦记老夫倾倒于苏至矣。"

苏涣是个爱清净的人，他旅居江畔，凡是州府来的客人一概不结交，也不与官府打交道。与杜甫的相遇是一次机缘巧合，后就突然来拜访杜甫。杜甫请他朗诵近期的诗作，发现此人才气颇高，思路敏捷。声音洪亮有力，可以传出几丈之外，殷殷留有金石之声。

杜甫不吝赞美之词，称苏涣诗作远超魏晋时期流行的黄初体建安文学诗歌，如"一女不得织，万夫受其寒。一夫不得意，四海行路难"。苏涣的"变律"诗多直抒胸臆，如他的为人，线条粗放，放荡不羁。

在冯至的《杜甫传》中曾有过这样的描写："他们二人对面坐着，有如生不同时的司马相如和扬雄忽然会晤了，这些诗的力量有这样大，使杜甫觉得好像白发里生出黑发，船帘外仿佛听到湘娥在水上悲啼。"

杜甫赞许的不只是苏涣的诗文，还有苏涣的为人，他像是一个侠客，面对不公时，会举起手中的剑。杜甫结交的大多数都是一些文人雅士，或是一些官场政客，在他们身上从未感受过这种"侠气"，苏涣犹如一股春风吹过杜甫的脸庞，让他的疲惫之心焕发出生机。

换而言之，苏涣身上有的，正是杜甫身上缺失的，两种完全不同的人，在相处时总能碰撞出新的火花。

杜甫对苏涣不止于欣赏，在裴虬去道州的饯行宴上，杜甫向他推荐苏涣，称这位苏秦的后人十分出色，有宰相之才，希望在不久的将来他能像谢安石一样告别隐居生活，拯救天下苍生。杜甫直言，自己已经老了，连行动都需要有人帮扶，一切雄心壮志都只能留给年轻人去实现。杜甫由衷地希望"致君尧舜上"的愿望能够在苏涣和裴虬身上实现，那他也就没有什么遗憾了。

刚刚稳定了几天，四月的一个夜里，潭州城内人声鼎沸，火光冲天。后来得知是兵马使臧玠叛乱，如《白马》中所描写的场景："近时主将戮，中夜商於战。丧乱死多门，呜呼泪如霰。"五十多岁的老人也只能在午夜四处逃命，这种场景杜甫已经不止经历一次。

无奈之下，杜甫与苏涣同去衡州避难。杜甫又在《入衡州》中写道，曾向衡州刺史阳济推荐过苏涣的事，不过阳济没有重用苏涣。

大历四年（769），崔瑾被兵马使臧玠杀害，苏涣流落到交广一带，他策动循州刺史哥舒晃谋反，但很快就被朝廷镇压下来，兵败被杀。

四海之内还会有净土吗？杜甫不知道，从北方逃到南方，如今南方又起纷争，该往哪里逃？！

当时杜甫的舅父崔玮正在距离衡州不远的郴州任职，既然已经到了衡州，自然要去拜访一下长辈，没想到迎接他的是更大的困境。

杜甫的船只离开衡州后，遭遇了汛期，在耒阳地段遇到了江水大涨，慌乱中杜甫一家人只能将船停靠在方田驿。此时杜甫已经五十九岁，常年多病的他此刻已经十分虚弱。船只困在水中，一家人五天五夜没有饭吃。

在最后关头，耒阳县令得知杜甫一家困在此地，专门派人送来了慰问信，还带来了酒肉等食物，这才救了杜甫一家的性命。感激之下杜甫写下《聂耒阳以仆阻水，书致酒肉，疗饥荒江，诗得代怀，兴尽本韵。至县，呈聂令，陆路去方田驿四十里，舟行一日，时属江涨，泊于方田》予以回报。

后来有人传言，杜甫是因为食用耒阳县令所送的牛肉过多，第二天撑死在了船上。事实上，杜甫眼看着南行郴州无望，只能让船头掉转回潭州。

几日后，洪水渐渐退去，耒阳县令派人去寻找杜甫的船，却没有看到船的影子，县令以为杜甫死在了耒阳洪水中，就命人在耒阳城北二里建了一座空坟，作为杜甫的坟墓。

此时杜甫一家人已经到了潭州，在此休整了几日，杜甫深感身体情况愈发糟糕，决定启程回洛阳，他想落叶归根，回到他人生起点的地方。

兜兜转转大半生，终于决定要踏上归途。从盛夏到暮秋，他早早做好了准备，无心再等待下去，于是一家人乘船再次逐流湘江。烟波浩渺中一叶孤舟慢慢前行，犹如杜甫驶来时，湘江始终安静地陪伴着这位悲伤的老人。

澄碧的江水映衬着清透的天，两岸的野花自顾自地开着，似欢迎，也似欢送，青山接连掠过，倒影也被江水带走，什么都没有留下。船只走得很快，也许是诗人归乡心切的错觉。

暮秋后，天气渐渐转凉，江水越发寒冷，到了冬天，杜甫的风痹旧疾复发，只能整日卧床，连站立都很难。

一日，杜甫提起颤抖的手，写下《风疾舟中伏枕书怀三十六韵奉呈湖南亲友》。杜甫深知自己时日无多，将要说的、要嘱咐的内容都写在了诗中，这首诗便成了杜甫的绝笔诗。从此之后，那只颤抖的手再也没有抓过笔，他也没有抓住命运最后的绳索。

在诗中，杜甫讲述了自己的病情，回顾了大半生颠沛流离的生活，将身后事交代给亲友，还有一直未曾改变的那份对国家的担忧。

"轩辕休制律，虞舜罢弹琴。尚错雄鸣管，犹伤半死心。"杜甫仿佛听到哀乐已在耳畔奏响，轩辕黄帝制的律管暂且把它收起来，虞舜弹过的琴也撤了吧！杜甫苦笑，身患风疾已经无法演奏，弹错的琴音伤了半死的心。圣贤的名声十分邈远，身在他乡病情一年比一年严重。船时常停泊在东北方向，湖面平整开阔，所以很早就能看到参星的星光。

寒冷中望着天空，思念故乡却无法归去，连天上的云都露出愁容，岁月也有了阴霾。看着水乡的点点茅屋，还有层峦叠嶂的红叶枫林，杜甫忘掉烦恼，但很快再次被忧愁侵袭。

想到大半生漂泊无依的生活，眼前的景物也变得萧条。"乌几重重缚，鹑衣寸寸针"，临死前的杜甫仍是如此贫苦，随身携带的小几案用绳子绑了又绑，身上的衣服又短又窄，补丁摞着补丁。他犹如船篷般飘零，即使一直靠服药支撑身体，也没有办法减轻痛苦。此时，杜甫感谢曾经对他有知遇之恩的人们，可惜他又不擅长迎合逢迎，没实现人们对他的期望。

"战血流依旧，军声动至今"，生命即将逝去，但远方的战争还没有停止，洛阳好久没有消息，长安也没有解除战争的威胁，四处流浪的生活让人心生畏惧，天下一团乱，不知何时才能休止。家事、国事都没有着落，杜甫更觉得心力交瘁。"朗鉴存愚直，皇天实照临"，忠肝义胆苍天可鉴，为何落得这般凄凉的境地。

　　有记载说，杜甫约在大历五年（770）的冬天去世，生命停止在潭州去往岳州的船上，一颗明星在这里陨落，结束了半生的飘摇。杜甫的诗歌记录了那个离乱的时代，也记录了坎坷的一生，却让他的死因成为一团迷雾。

　　漂泊多年，杜甫最大的心愿就是回到故乡，回到那个无数次魂牵梦绕的地方，然而，杜甫终尽余年，也没有走出湖南。杜甫在湘江上度过了他最后的两年多时间，创作了百余首诗歌。

　　长安也终究成为一场梦，伴随着贫穷、饥饿、分离、苦难和战乱，在梦里杜甫为它流了无数的泪，即使长安没有给他美好的回忆，他仍十分想念那里，那是他梦开始的地方，也是梦陨落的地方。

　　杜甫是带着遗憾离开的，他最牵挂的黎民百姓仍然还在战火中挣扎，国家也风雨飘摇、前途未卜，杜甫没有等到黎明来临，直到他离开时，周遭还是混沌一片，不见光明。

旧人新事情怀永驻

诗歌已完，杜甫的生命也走到了尽头，一代"诗圣"悲凉的人生就此退场。杜甫生前并未享受到诗歌带给他的荣誉，但在他去世后，人们将他和他的作品推到了文学殿堂的最高位。

人生不足六十年，杜甫在这几十年的时光里经历了太多苦难，儿女夭折，兄弟离散，这些都随着这个生命的离去告一段落，生命可贵在于存在，当生命逝去，曾经附着的情感、财富都会烟消云散。

生前凄凉，死后仍是这样，杜甫去世的那年，大儿子崇文已经去世，他寄予厚望的二儿子崇武流落湖湘，最终也客死在了那里。杜甫的遗骨殡于岳阳。

四十三年后，崇武的二儿子杜嗣业将祖父的灵柩从湖南迁葬于河南偃师县西北首阳山，完成了杜甫生前最大的愿望。杜嗣业家境也不富裕，一路上钱财耗尽，靠乞讨为生，将遗骨带回祖籍，这份孝义令人感动。

在迁移的途中，杜嗣业遇到了前来送行的江陵府士参军元稹，杜嗣业请求元稹为杜甫撰写杜甫墓志，即《唐故工部员外郎杜君墓系铭并序》。当时元稹已经十分出名，是曾经做过宰相的大文豪，杜嗣业带着杜甫的手稿找到元稹，他读完杜甫的诗感动不已，如此忠君爱国、怜悯苍生之人值得钦佩，更值得被千秋万世铭记，遂怀着崇仰之心为其撰写了墓志。

元稹十分推崇《诗经》中的"风""雅"，他认为诗歌就应该反映社会现实，成为人民发声的工具，而杜甫的现实主义诗作可以挽救消失许久的诗风，让诗歌沿着正确的道路发展。

杜甫生前并没有被推崇，名气远不如李白。这是因为时代的特殊性，元稹不愿看到杜甫的诗再被埋没，所以决定第一个站出来推崇杜甫和杜诗，他要让更多的人了解杜甫，了解那些如宝藏般珍贵的诗作。

也正是这篇墓志，让杜甫扬名天下，元稹的"曾经沧海难为水，除却巫山不是云"堪称经典，他对杜诗的推崇也是杜诗名冠天下的原因之一。他评价杜诗："至于子美，盖所谓上薄风骚，下该沈宋，古傍苏李，气夺曹刘，掩颜谢之孤高，杂徐庾之流丽，尽得古今之体势，而兼人人之所独专矣。使仲尼考锻其旨要，尚不知贵其多乎哉。苟以为能所不能，无可不可，则诗人以来，未有如子美者。"

洋洋洒洒千余字，是元稹与杜甫跨越时空的对话，他讲述了一个诗人坎坷却执着的一生，让后人了解一个内心充满着大爱的诗人，一个才华横溢却被埋没至死的诗人。

元稹、白居易等唐代诗人倡导的新乐府运动也深受杜甫影响，讽刺时事、"补察时政"都与杜甫的诗歌风格一致。李商隐的近体诗有着杜诗的影子，后来的王安石、苏轼、黄庭坚、陆游等人尤其推崇杜诗。后世爱国诗人，都以杜甫为榜样，他的精神经过千百年的洗礼，更加散发光彩。

　　如今，杜甫的诗歌飞跃了千山万水，被翻译成多国文字，传遍了许多国家，杜甫是时代人物，而杜诗则是永恒的能量。

　　杜甫的一生创作诗歌上万，传世不过一千四百余首，这是一个难以逾越的数字，而且其中经典之作甚多，代表了唐代诗歌的最高水平。他的诗有着鲜明的个人特色，在特殊的历史背景下，这些诗被覆盖了一种慷慨凄凉之感，哪怕是观景之诗，也会让他联想到国家命运和自身遭遇。

　　他的诗有很强的现实主义精神，与同时期的其他唐代诗人不同，他更关注时事，关注民生，而不是单纯的抒情、讴歌，诗对他而言更像是一种沟通方式，细腻的文字是他的武器，他执着地守护着他的城池。

　　曾经，他以先祖为荣，希望继承家族遗风，后来他以诗歌终身为伴，将杜家文风传至天下，无论身处怎样的环境，杜甫笔耕不辍，丰富的生活经历让他变得敏感多思，他的诗也如他的人一般，饱含深情。

　　"天意君须会，人间要好诗。"杜甫是知晓天意的人，所以他历经磨难，初心不改，只为人间留下动人的诗歌。当人们无数次读出杜甫的那些经典诗句，就是杜甫精神的重生。

> 读书破万卷，下笔如有神。
>
> 朱门酒肉臭，路有冻死骨。
>
> 烽火连三月，家书抵万金。
>
> 正是江南好风景，落花时节又逢君。
>
> 会当凌绝顶，一览众山小。
>
> ……

杜甫的身影消失在千百年前的湘江之上，但他的诗魂永留在天地之间。你也许不知杜甫一生的遭遇，但你却熟悉他脍炙人口的经典诗作，对于杜甫来讲这就足够了，诗歌就是他的灵魂，他以诗为傲，永远立于沧海桑田之间。

后　记

　　跟随文字，陪伴杜甫走完一生，一声长叹，留给湘江上孤独的老人。

　　杜甫的诗歌在中国诗歌历史上称得上空前绝后，文字间透露出醇正的儒家思想，他善于诗文，将唐诗的魅力展现得淋漓尽致。

　　杜甫的地位是崇高的，因为他的影响从中唐一直到现在，他的诗歌成为诗人争相效仿的对象。

　　杜甫在诗歌创作上有许多创新，成为后世诗歌榜样一样的存在，"诗圣"是一个有着悲伤意味的光环，在它照耀下的杜甫也是有些悲情的人物，他的不幸成了诗歌的幸事。

　　在战争的洪流中，杜甫只是万千百姓间的普通人，没人知道这个衣衫褴褛的老人会是中国文学史上的"诗圣"，正因为他始终位于百姓中间，才能创作出饱含深意的现实主义诗歌，在唐代众多诗人中拥有自己独特的风格，受人敬仰。

　　浣花溪旁的老者，头戴斗笠，手拿锄头，闭眼聆听溪水潺潺；战火中的逃难者，衣衫破旧，食不果腹，幼子饿死，亲人离散……杜甫的每一个遭遇都成为他人生的刻刀，一下一下将生命雕刻成不屈的样子。